기독교 교육총서 ⑦
기독교 가정교육

김미경 지음

대한예수교장로회총회

기독교 가정교육

발간사

21세기를 맞은 한국 교회의 양적인 급성장에 대해서는 경이와 찬사를 보내고 있으나 질적인 면에서는 성숙도가 부족하다고 우려하는 소리가 크게 들려옵니다. 성도가 1,200만 명이나 되는 한국 교회가 세상에서 빛과 소금의 직분을 감당하지 못하여 겪는 부끄러움과 고통을 얼마나 더 견뎌야 하겠습니까? 이제부터라도 모든 성도가 내적으로 성숙한 삶을 살도록 온 교회가 교육 문제에 큰 관심을 갖고 준비하는 자세가 필요합니다.

하나님의 일꾼으로 부름받은 교사들이 사명의 막중함을 깨닫고 교사로서의 본분을 감당하게 될 때, 성도들이 온전한 삶과 헌신적인 봉사의 일을 감당할 수 있을 뿐 아니라 그리스도의 몸을 세우는 삶을 살 수 있습니다(엡 4:11~13). 위대한 교사이신 예수님을 본받아 배우고 지키는 삶의 모습이 이 땅 구석구석까지 나타나 어두운 부분을 밝게 하며 능동적으로 부패를 막고 궁극적으로는 복음으로 이 땅을 구원하는 역사를 일으켜야 합니다.

이런 관점에서 총회 교육부가 기획한 '교사들을 위한 기독교 교육총서 시리즈'는 개혁주의 신앙에 근거한 신학을 정립하고, 훌륭한 교사로서 자라나는 세대를 하나님의 선한 일꾼으로 교육하는 데 크게 도움이 될 것입니다. 뿐만 아니라 개교회 및 노회에서 주일학교 교사들을 교육시키는 데도 꼭 필요합니다. 그래서 2007년에 새로 개정된 주교교사 통신대학 교재로 이 시리즈를 선정하였습니다.

과목으로는 1단계 준교사 양성 교육 과정에서 「기독교 교육학 개론」, 「기독교 교육 방법」, 「교사론」, 「기독교 심리학」, 「기독교 교육사」, 「예배와 교육」, 「신약개론」, 「구약개론」, 「기독교 교육철학」을 다루었고, 2단계 정교사 양성 교육 과정에는 「기독교 가정교육」, 「유아교육」, 「기독교 교육상담」, 「기독교 어린이 교육」, 「교수 매체 이론과 방법」, 「청소년 교육」, 「기독교 교회사」, 「기독교 교육 과정」, 「장로교 기본교리」를 배정하였습니다. 마지막 3단계 교사 리더십 양성 과정은 「청지기론」, 「종교개혁자의 신앙교육」, 「제자훈련의 이론과 실제」, 「교회음악학」, 「기독교 교육행정」, 「성경해석과 성경교수학」, 「기독교 교육과 윤리」, 「성경학교 교육론」, 「개혁주의 복음 전도와 양육」 등으로 분류하였습니다. 집필진도 해당 과목을 전공한 교수를 위주로 선정하였습니다.

본서를 통하여 주일학교 교사들이 이 시대에 꼭 필요한 교회 지도자로 쓰임받는 일꾼들이 되기를 바랍니다. 집필에 참여해주신 여러 교수님과 목사님, 좋은 교재를 만들기 위하여 기획 및 편집에 수고한 총회교육개발원 직원들에게 진심으로 감사를 드립니다. 이 책을 대하는 교사들과 모든 분들께 주님의 풍성한 은총이 함께하기를 기원합니다.

2009년 7월
교육부장

저자 서문

필자의 아이가 유치원을 다닐 때의 일이다. 유치원에서 부활절 예배를 드리고 집에 돌아온 아이는 "엄마! 예수님께서 우리를 위해 십자가에 못박혀 돌아가셨대요. 얼마나 아프시겠어요. 가시 면류관도 쓰셔서 온몸이 피로 물드셨대요. 내가 그 못을 빼드릴래요."라고 제법 눈물까지 글썽이며 이야기를 하는 것이었다. 그때 그 아이를 보면서 느꼈던 것은 아이는 십자가에 못박혀 돌아가신 후 사흘 만에 다시 살아나신 부활의 예수님을 이해하기보다는 핀에 찔렸을 때 아팠던 자기 자신의 경험에 비추어 예수님께서는 핀도 아닌 큰 못이 손에 박히셨으니 '얼마나 아프실까'라는 것에만 초점을 맞추어 생각한다는 것이다. 아이에게는 '예수님께서 속죄양으로 우리의 죄를 대신해 돌아가시고 다시 사시어 우리에게 영생을 주셨다'는 말은 별 의미가 없고 아이가 관찰할 수 있고 경험할 수 있는 실제인 못이 손에 박히고, 가시 면류관을 쓰셨다는 말이 중대한 의미를 갖게 되는 것이다. 따라서 하나님과 은혜는 매우 추상적인 개념이어서 취학 전 유아들에게 의미를 갖게 하기에 너무도 관념적이라고 생각할 수 있다. 그렇지만 신뢰와 확신이라는 기본적 태도는 취학 전 유아들의 이해를 벗어나지 않을 뿐 아니라 신앙은 인간의 이해에 의존하는 것이 아니고, 그 확실성에 근거해 사람이 그리스도로 말미암아 하나님의 자녀가 된다는 것을 확신한다는 의미에서 확실한 지식이 된다. 따라서 유아들이 이해할 수 없다고 해서 교리적인 내용을 가르치기를 등한시

해서는 결코 안 된다. 유아의 수준에 맞게 교리적인 개념들은 반드시 가르쳐져야만 한다.

또한 아이는 '수퍼맨'이라는 영화를 보고 와서는 수퍼맨이 되게 해달라고 하나님께 열심히 기도를 한다. 이러한 아이를 바라보면서 왜 주님께서 '어린 아이들을 용납하고 내게 오는 것을 금하지 말라 천국이 이런 사람의 것이니라'(마 19:14)라고 말씀하셨는지를 다시금 되새길 필요가 있다. 예수님께서는 어린이의 순수한 마음 즉 진정으로 따르고, 바라고, 믿는 마음을 사랑하셨다. 이는 어린이가 전적인 순수함으로 사랑에 응답하기 때문이다. 이와 같이 어린이는 천국 백성의 일원으로서보다 깊은 은총 안에 있는 개개의 인격존재로서 이해되고 있으며 미숙함에도 불구하고 성인의 축소물도, 작은 성인도 아닌 하나의 독립된 인격으로 은혜 안에 있는 것이다.

"아브라함이 바랄 수 없는 중에 바라고 믿었다."(롬 4:18) 이 구절에서 바울은 하나님의 약속에 대한 아브라함의 신앙의 특성을 "바랄 수 없는데도 여전히 바라고 있었던" 하나님의 사랑에 응답하는 믿음이라고 하였으며, 그것이 지식의 시작이며 뜻에 합당한 삶을 가능케 하는 근거가 된다고 하였다. 그러므로 "마음을 다하고 뜻을 다하고 힘을 다하여 네 하나님 여호와를 사랑하라"는 말씀은 성경 전체에 일관되는 것으로 교육의 목표가 되는 것이다. 이러한 믿음의 교육을 통해서 인간의 지식은 인격과 생활을 형성하는 것이 되는 것이며 사회는 하나님의 사랑을 근거로 하여 이웃을 사랑하고, 서로 나누고, 감싸주는 사회가 되는 것이다.

사람들은 누가 자기에게 기대를 가지고 사랑을 해주면 그런 기대에 부응하려고 한다. 부모가 자식을 키울 때도 그렇다. 기대와 사랑, 그리고 관심을 가지고 자녀를 대하면 그들의 지능, 태도, 행동까지도

변한다. 그런 현상을 피그말리온 효과(Pygmalion Effect)라고 한다. 주위 사람들의 기대와 관심은 자기의 가치를 인정해 주는 것이기 때문에 아이들에게 할 수 있다는 자신감을 북돋워 주어야 한다. 주위 사람의 기대는 아이들이 달성해야 할 하나의 목표가 되고 아이들은 그 목표를 달성하기 위해 스스로 노력함으로써 피그말리온 효과가 나타나는 것이다.

정신과 의사인 필립 바커(Philip Barker)는 세상에 대한 넓은 감성적 태도는 2세까지 이루어진다고 하였다. 그때 이루어진 것은 다음 기간에 채워지고 다듬어진다. 만약 종교적 믿음을 얻으려면 올바른 태도를 이 기간에 부모로부터 배워야 한다고 말했듯이 인간은 태어나서부터 부모가 해주는 기도에서 안정을 얻으며 점차 하나님과의 개인적인 대화로 발전하고 하나님을 기쁘시게 하려는 마음을 지니므로 부모는 가정에서부터 유아가 올바른 신앙인으로 성장하도록 잘 인도할 책임이 있는 것이다.

아이는 서기 전에 앉고, 말하기 전에 옹알이를 하며, 진실을 말하기 전에 이야기를 만들어 내며, 네모를 그리기 전에 원을 먼저 그리며, 이타적이기 전에 이기적이고, '네'라고 말하기 전에 '아니오'라고 말하고, 독립적이기 전에 의존적이다. 따라서 부모가 해야 할 일은 자녀에게 미리 결정되어진 유형으로 들어가도록 하는 것이 아니라 자녀의 성장을 인도하는 것이다. 부모는 자녀의 성장욕구와 성장요구를 인식해야만 한다. 즉 "자녀는 자기 자신이 스스로 성장해야 한다." 그러나 자녀의 성장정도와 가능성의 실현은 자녀의 개인적 욕구를 충족시키는 부모들의 통찰력과 지혜에 달려있다.

칼 윗테의 교육법에는 교육의 능률을 최고로 올리려면 "싹이 틀 때 싹을 가꾸라"든지 "바른 과정을 좇아 진행하라"는 등으로 가르치고 있으며 특히 가정환경의 바람직한 모습을 주시하고 "아버지는 자기가 하는 일을 하나님이 주신 천직으로 믿고 성실하게 일할 것이며 또 어머니는 늘 웃는 얼굴을 해야 할 것이다"라고 말했다. 그러나 기독교 가정환경 교육에서 가장 중요한 것은 칼빈이 언급한 것처럼 하나님의 말씀에 기초하고, 그 말씀에 의하여 지도받고 고취되는 생활 즉 환경 속에서만 하나님을 참으로 기쁘게 할 수 있으며 하나님과 바른 관계에 있게 하는 것이다. 따라서 자녀의 신앙교육은 부모의 생활을 통한 모방에서 동화로 나아가도록 하는 것이 가장 좋다. 부모는 하나님을 내 가정의 '가장'으로 맞아들이고 아버지나 어머니는 시종의 입장에서 받들면서 '자녀를 하나님께, 하나님을 자녀에게'로 연결시키는 것이 자녀의 인격을 높이고 성결케 하는 비결이다. 또한 '주 예수를 통한 끊임없는 훈육과 지도'를 하며 '주님과의 관계'를 알도록 가르치고 지도해 가는 것이 필요하다. 그리스도의 보호하심이 늘 함께하신다는 사실을 항상 들려주면 그리스도와 더불어 동행하고 같이 활동하는 신앙이 강화되므로 유아는 안정감을 가지고 생활하게 된다. 그러므로 어린이의 신앙교육은 추상적인 교리를 가르치는 것 같이 하지 말고 구체적으로 매일매일의 생활 속에 나타날 수 있는 모습으로서 교리를 가르친다.

   금번에 본서가 새로운 표지디자인으로 나온 것을 기쁘게 생각하며 올바른 주의 자녀를 세우는 기독교 교육에 널리 쓰일 수 있기를 바란다.

2013. 10. 총신 동산에서
김미경

차 례

제1장 부모는 자녀의 영적 모델 · 15
기독교 가정의 정의 · 15
기독교 가정 교육 · 18
기독교 부모의 정의 · 27
기독교 부모의 역할 · 33

제2장 유아의 발달 단계 및 양육 이론들 · 39
프로이드(Freud)의 심리성적 발달 이론 · 41
에릭슨(Erikson)의 발달 단계 이론 · 47
사회 규준 이론 · 55
발달 성숙 이론 · 61
실존-현상학 이론 · 65
인지 발달 이론 · 68
행동주의 이론 · 77
도덕성 발달 이론 · 81
신앙 발달 이론 · 88

제3장 가정에서의 신앙적 태도 교육 · 105
가정 예배를 드리는 습관을 기른다 · 106
기도를 어떻게 해야 하는지 가르친다 · 112

성경을 읽어주고 설명해 준다 · 119
　　신뢰감을 기른다 · 121
　　사랑하는 마음을 기른다 · 123
　　자기 자신을 존중하는 마음을 기른다 · 128
　　자기 조절 능력을 기른다 · 133
　　순종하는 마음을 기른다 · 138
　　이타심을 기른다 · 145
　　겸손한 태도와 온유한 마음을 기른다 · 147
　　평화로운 마음을 기른다 · 154
　　책임감을 기른다 · 158
　　인내심을 기른다 · 159
　　죄의식을 발달시킨다 · 161

제4장 부모와 자녀와의 효율적인 관계 형성　165
　　PET 프로그램의 구체적 목표 · 166
　　PET 프로그램의 원리 · 166
　　바람직한 훈육 방법 · 175

마땅히 행할 길을 아이에게 가르치라
그리하면 늙어도 그것을 떠나지 아니하리라
(잠 22:6)

제1장
부모는 자녀의 영적 모델

네 자녀에게 부지런히 가르치며 집에 앉았을 때에든지
길을 갈 때에든지 누워 있을 때에든지 일어날 때에든지
이 말씀을 강론할 것이며

(신 6:7)

제1장 부모는 자녀의 영적 모델

기독교 가정의 정의

유아교육 사전에 의하면 일반적으로 가정이란 가족이 공동생활을 영위하는 주거장소를 의미하지만 가장을 중심으로한 가족제도를 의미하기도 한다. 가족이 구성원인 사람을 중심으로 하는 반면 가정은 구성원인 사람들이 만들어내는 체제를 의미하는 점에서 가족과 가정은 그 개념에 차이가 있다고 볼 수 있다. 가정은 하나님에 의해서 이루어진 것이며 하나님께서 하나님 자신과 인간을 위해서 만드신 것이다. 가정은 부부를 중심으로 하는 가족 공동 생활체이다. 가정의 정의는 사람에 따라 다를 수 있으나 가족이 공동생활을 하고 있는 장소라고 보는 것이 보편적이다. 그리고 사회를 구성하는 최소 단위가 개인이 아니라 가정이다. 인간은 가정을 이루어 생활하며 생명의 유지와 생활의 향상, 발전을 목표로 하여 살고 있다. 수면을 취하고 식사를 하며, 피로를 회복하고 새로운 에너지를 재충전하기도 한다. 이와 같이 가정은 그날 그날의 에너지를 재생산할 뿐 아니라 새로운 생명의 탄생과 양육의 기능을 하기도 한다. 우수한 인간을 육성하고 정신적인 안정을 얻는 것이 인간 본연의 욕구라고 할 때, 이를 위해 가족 구성원들은 서로 협력하여 보다 나은 가정 생활을 영위하고 풍요

롭게 하기 위하여 노력해야 한다고 할 수 있다.[1]

구약에서는 가정을 우선적인 교육의 장소로 간주하였다. 기독교적 신앙 인격의 형성에 가장 중요한 교육의 장이 가정이다.[2] 부모는 자녀들에게 하나님의 말씀을 심어주라는 하나님의 명령을 받았다. 부모는 자녀를 사회화 시킬 뿐만 아니라 하나님의 말씀을 가르쳐야 한다.

신약에서는 자녀들은 부모에게 순종해야 한다(엡 6:1; 골 3:20). 그리고 부모들은 자녀를 구별된 그리스도인이 되도록 징계하되 분을 품거나 낙담하게 만들지 말아야 한다(엡 6:4; 골 3:21)

따라서 '기독교 가정'은 단순히 자연적, 심리적 또는 사회적 용어를 뜻하는 것을 넘어서 하나님의 형상대로 창조받은 남자와 여자에 의해서 이루어진 것이며(창 1:27), 그것이 곧 기독교 가정의 출발점이 된다. 즉 기독교 가정은 하나님에 의해서 이루어진 것이며 하나님께서 하나님 자신과 인간을 위해서 만드신 것이다.

유대인들은 가정이 교육의 중심지라고 하고 학교를 가정보다 아래에 두고 있다. 이와 같이 가정은 인간이 처음으로 사회관계를 맺는 장이며 언어와 인간관계를 배우고 질서와 규칙을 익힐 뿐 아니라 사회화 과정을 연습하는 공간이다. 이와 같은 사회적 관계를 통해서 일생동안의 사회생활을 영위할 수 있는 생활습관과 태도, 신체, 정서, 언어, 인지, 영적 발달이 이루어지게 된다. 여기에서 습득되는 성품, 지능, 정서, 도덕성, 사회성, 영성, 그리고 신체발달까지 평생을 통하여 그 이후의 발달에 영향을 미치게 되므로 가정의 환경구성은 특히 중요하다고 할 수 있다. 그러므로 기독교 가정은 종족 보존이나 이

---

1) 유아교육학회편, 유아교육사전, 서울 : 한국사전 연구사, 1996, P.6.
2) Closon, H. P. and Rigdon, R. M. understanding your church's curriculum, Broadman press, 1981, p.49.

해와 사랑과 교제를 제공하는 장소는 물론 더 나아가 가정을 창조하신 하나님의 뜻대로 행하는 것을 목적으로 가지고 있어야 한다.[3]

【 생각해 볼 문제 】

1. 가정에 대한 일반적 정의는 무엇입니까?

2. 기독교 가정의 정의는 무엇입니까?

3. 구약에 나타난 가정의 정의는 무엇입니까?

4. 신약에 나타난 가정의 정의는 무엇입니까?

---

3) Maston, T. B. 성서 그리고 현대 가정. 이석철 역. 서울 : 요단 출판사, 1991. pp.55-56.

기독교 가정교육

"마땅히 행할 길을 아이에게 가르치라 그리하면 늙어도 그것을 떠나지 아니하리라"(잠 22:6)

"또 아비들아 너희 자녀를 노엽게 하지 말고 오직 주의 교양과 훈계로 양육하라"(엡 6:4)

일반 가정 교육은 일상생활에 있어서의 기본적 생활습관이나 타인에 대한 적절한 태도, 행동의 방법을 몸에 익히도록 하기 위해 가정에서 자녀에게 주어지는 지도나 훈련이나, 기독교 가정 교육은 어린이를 궁극적으로 하나님께 순응시키는 것이다.[4]

아동은 가정에서 태어나 그곳에서 자란다. 특히 인성의 기초가 형성되는 유아기에 있어서 가정 교육의 형태는 그들의 성장 뿐 아니라 복음의 씨를 뿌리는 데에 매우 중요한 영향을 미치게 된다. 즉 인간 교육의 기초가 바로 가정 교육에 있다고 인식되며, 잠재적 교육과정(Hidden curriculum)이라는 개념으로 그 중요성이 더욱 강조되고 있다. 가정 교육은 대개 두 가지의 양상으로 이루어진다고 볼 수 있는데 첫째는 부모로부터 아동에게 작용하는 것으로 가르친다, 알게 한다, 칭찬한다, 야단을 친다 등과 같은 형태이며, 둘째는 아동의 관찰에 의한 학습이다. 아동은 부모로부터 받기만 하는 수동적인 존재라기보다는 부모라는 모델을 통하여 그들의 일상 생활을 관찰하고 모방하고 적용하고, 변화시키는 등 여러 가지 학습을 하는 능동적인 존재이다.

---

4) 정영진, 자녀 발달의 결정적 시기, 서울 : 학지사, 1996, pp.7-9.

아까이 히로시에 의하면 문화에 있어서 교육은 고정화의 방향을, 그리고 보육은 자유화의 방향을 각각 지향하는 것으로 설명했다. 교육은 특정의 가치 실현을 목표로 해서 의도적으로 유아에게 작용해서 바람직한 모습으로 변화시켜 나가는 방법이며, 보육은 유아의 자연적인 성장과 발달을 존중해서 유아의 있는 그대로 자라도록 하는 방법이다. 이 두 힘 혹은 운동은 양자가 합쳐서 문화를 진전시키는 원동력이 된다.

현명한 부모는 유아의 정상적인 성장 및 건전한 성장을 위해서 교육과 보육이 함께 이루어져야 한다는 것을 알고 있을 것이다.[5]

기독교 신앙도 이와 같은 안정성-고정화, 자유화의 완전한 균형을 예수님이 보여준 것이라고 고백하는 데에서 성립한다고 할 수 있다.

가정교육의 특징으로 첫째, 자연성 즉 의도적이 아니라는 것을 들 수 있고 둘째, 견고한 애정으로 결합된 인간에 의한 교육으로 구성원 간의 정서적인 결합은 교육기관과는 다른 특수성과 복잡성을 갖고 있다는 점이다.

기독교 가정교육의 교육적 기능은 첫째, 자녀의 삶이 하나님을 본받도록 가르쳐야 한다. 칼빈은 사람이 하나님의 형상으로 창조되었다고 하는 것은 사람의 영혼에게 어떤 정태적 특징이 각인되었거나, 정연하게 정의될 수 있는 어떤 타고난 기능이나 자질을 의미하지 않는다. 하나님의 말씀에 의지하여 계속적으로 살고 하나님의 은혜에 꾸준히 응답함으로써 사람이 하나님의 형상을 소유하게 되는 것이다.[6] 따라서 가정교육에서 자녀의 행동과 태도에서 하늘에 계신 하

---

5) 엄문용 역, 기독교 유아교육 원리, 서울 : 보이스사, 1985.
6) Wallace, R. S. 칼빈의 기독교 생활원리, 나용화 역, 서울 : 기독교문서선교회, p.139.

나님 아버지를 참으로 닮도록 가르쳐야 한다. 둘째, 하나님의 형상에 일치된 삶을 살 수 있도록 질서있는 삶을 위한 환경을 제공하고 가르쳐야 한다. 모든 사람은 그가 살고 있으며 그리고 움직이며 또한 존재하고 있는 환경에 민감하다. 우리는 환경으로부터 배우며, 보통 현재 있는 것이 옳은 것인지 틀린 것인지 생각하고, 그 다음에는 우리의 생각과 선택과 실천을 한다. 사물에 대하여 늘 무질서와 무례하는 환경 속에서 자라난 아이는 이런 행동을 생활방법으로 받아들인다. 사용하기 위해서 적당한 장소에 있고 준비되어 있는 재료를 사용하는, 질서있는 가정은 소유물과 모든 사람들에게 유용하고 준비된 재료와, 생활하는데 의뢰하는 방법과 같은 것들을 존중한다는 말없는 메시지를 전달한다.[7] 셋째, 구속을 통한 하나님 형상의 갱신 및 회복을 위해 가르쳐야 한다.

① 자녀가 하나님과 올바른 관계에 설 수 있도록 하나님께 바른 예배를 드리도록 가르친다.
② 자녀가 자신 이외에 이웃과 올바른 관계에 설 수 있도록 자신을 사랑하는 것처럼 이웃을 사랑하도록 가르쳐야 하며, 하나님의 사랑과 그리스도의 사랑에 기초하여 자신보다는 다른 사람을 위하여 살도록 가르친다.
③ 자녀가 하나님의 피조계와의 관계를 바르게 지배하며 돌볼 수 있도록 책임있고 순종하는 존재로 설 수 있도록 절대적 권위를 가진 존재로서가 아니라 책임과 사명을 가지고 창조주와의 관계에서 잘 돌보는 청지기적 자세를 지니도록 가르쳐야 한다.

넷째, 사람으로서 지녀야 할 기본 자질을 몸에 익히도록 하는 것이다.

---

7) M.J. Taylor편, 기독교 교육학, 송광역 역, 한국장로 출판사, 1993. pp.226-297.

사람답게 성장하는데는 수많은 자질이 필요하지만 말을 배우거나 습관을 형성하거나 기본 예절들을 배우게 된다. 그런데 배워야 하는 나름대로의 결정적 시기(Critical period)가 있는데, 이를 가정교육에서 가르쳐야 한다.

다섯째, 배움에 대한 의욕을 계속 자극하여 부단한 자기 혁신, 평생 동안 자기교육을 할 수 있도록 가정에서 가르쳐야 한다는 것이다.

이스라엘 사람들은 가정을 지연적인 혈연관계 이상의 예배 공동체와 민족 공동체로 이해하여 인간 형성의 양축으로 삼아 종교의식과 민족의식을 일찍부터 교육하고 애국심과 신앙심을 다른 기관에 기대하지 않고 가정교육으로 해결하고 있다. 그리고 공동체 구성의 기본 단위가 되는 가정은 부모의 자각 아래 가정과 공동체에 대한 복(福)인 유아를 공동체의 성원으로서 공동체의 존재가 될 수 있도록 교육해야만 한다. 가장 구체적이고도 중요한 의미를 가지는 교육의 장으로 이해한다.[8]

코메니우스(Comenius)는 그의 저서 유아학교(Scholar Infantice or The School of Infancy)에서 어머니의 무릎이 최초의 가장 중요한 학교라고 하여 어머니의 역할을 다음과 같이 강조하였다.

① 자녀는 하나님이 주신 가장 귀한 보물이다.
② 부모는 자녀의 신체만을 돌보는 것이 아니라 자녀의 영혼을 먼저 돌보아야 하며, 영혼을 키우기 위해서는 하나님을 경외하는 신앙을 가지도록 하며, 도덕과 교양을 가르치도록 해야 한다.
③ 자녀들은 스스로 자신을 훈련하지 못하기 때문에 어른들의 끊임없는 보살핌과 훈련의 필요성을 강조하였다.

---

8) Lewis J. Sherrill, The Rise of Christian Education, New York : Macmillan Co, 1994, pp.17-18.

④ 자녀가 6세 이전에 배워야 할 것으로는 경건성(Piety), 도덕성(Morals), 건전한 학습(Sound Learning), 건강(Health)이다.

- 의복이나 신체를 깨끗이 하고 단정하게 한다.
- 자기보다 우월한 이들을 존경하고 따르며 어른을 대접한다.
- 진실만을 이야기 하고 말을 해야 할 때와 침묵을 해야 할 때를 안다.
- 남의 물건을 만지거나 훔치지 않는 공정성을 배운다.
- 다른 사람들에게 친절하도록 한다.
- 노동을 하여 게으름을 없앤다.

경건성
- 마음을 닦는 일로서, 마음은 항상 하나님을 향해 있어야 한다.
- 존경, 사랑, 복종의 마음으로 항상 하나님을 따라야 한다.
- 하나님과 늘 대화하므로서 평화, 위안, 기쁨을 느껴야 한다.

도덕성
- 먹는 것을 욕심내거나 지나치게 과식하지 않는 절제력을 기른다.

건전한 학습
- 건전한 학습이란 사물에 대해 알기와 행하기, 말하기의 세 가지 요소로 구분되어 있다.

건 강
- 코메니우스는 건강은 모든 일에 기본이 된다고 하였다.

루터(Luther)는 자녀 교육에서 부모의 엄격한 통제와 방종을 초래하는 익애적 사랑을 피하고 중용의 덕을 취하는 방법을 제시하였다.

이런 부모의 태도는 부모의 말에 불순종할 뿐 아니라 하나님에 대한 사랑과 영원한 축복을 위한 소망이 그들 안에서 사라지게 한다. 가정에서 부모는 자녀들에게 규칙을 세우고 훈련을 해야 하며, 적절한 통제가 필요하지만 사랑에 바탕을 둔 훈련이어야 한다고 보았다.

칼빈(Calvin)은 기독교 교육을 위한 부모들의 책임에 관하여 설교하였다. 칼빈은 자녀들이 계약 안에 속하여 세례를 받을 자격을 갖추게 되는 것은 다만 부모들을 통해야만 가능하다고 하였다. 즉 하나님의 계약에 대한 부모의 신앙이 자녀에게 전수됨을 강조하였다. 가정에서 부모들이 자녀들에게 교리 문답과 기독교 생활양식을 가르치도록 하였다. 기독교 신앙의 간결하고도 단순한 요약을 작성하여 모든 어린이에게 가르치도록 하였다. 칼빈은 부모와 자녀와의 관계를 '존경' '복종' '감사' 라고 하였다.[9]

이혜상(1994)에 의한 기독교의 아동관이 암시하는 교육적 시사점을 중심으로 가정에서의 교육을 살펴 보면 다음과 같다.

첫째, 하나님은 아동 개개인을 전인격적인 존재로 창조하셨다. 그러므로 부모는 아동 개개인을 가치있는 인격으로 받아들이는 데서 출발해야 한다고 본다.

둘째, 하나님은 아동을 환경에 대하여 능동적으로 사고하고 행동하는 존재로 창조하셨다. 그러므로 부모는 아동이 호기심을 가지고 자유롭게 탐색하고 능동적으로 참여할 수 있도록 적절한 자극을 줄 수 있는 가정의 분위기를 조성해야 한다.

셋째, 아동은 하나님으로부터 아동 자신의 욕구를 충족시키고자 하는 갈망을 부여 받았지만, 자기자신의 이해를 초월할 능력 즉, 그

---

9) Wallace. R. S. op.cit. pp.68-69.

리스도의 뜻에 순종할 수 있는 능력도 가지고 있다. 그러므로 부모는 아동의 욕구를 충족시킴과 동시에 아동 자신의 욕구를 조절할 수 있도록 하여야 한다. 교육의 기본은 하나님을 높이며 하나님의 목적을 이루는 것이어야 한다. 즉 하나님은 아동의 욕구를 채워주시는 분이심과 동시에 아동의 삶에 절대적 주장을 가지신 분이심을 반영해야 한다.

넷째, 하나님은 아동을 사회적 존재로 창조하셨다. 그러므로 가정에서부터 부모 뿐 아니라 형제, 자매, 나아가서는 친구와의 다양한 사회적 관계와 우정을 발달시킬 수 있도록 사회적 관계를 위한 언어 기술, 자긍심, 자기조절력, 이타심, 사랑, 인내, 책임감 등을 키워나갈 수 있도록 이끌어 주어야 한다.

다섯째, 아동에게는 장차 땅을 지키고 그 안에 있는 모든 것을 관리하라는 과업을 수행할 임무가 부과될 것이다. 그러므로 아동에게 전인적인 발달 뿐 아니라 전영역에 걸친 학습이 이루어질 수 있도록 다양한 경험과 놀이가 제공되어야 한다.

여섯째, 아동의 본성 속에는 인간의 죄성이 있기 때문에 아동은 하나님과 바른 관계를 맺어야만 교육의 관계가 바른 방향으로 갈 수 있다. 부모와 하나님과의 바른 관계를 맺고 생활해 나가는 모습을 통해 아동도 하나님과 바른 관계를 맺을 수 있다.

일곱째, 아동은 하나님의 창조물이기 때문에 아동에 대한 심리학적 접근은 아동에게 부여된 창조의 법칙을 밝혀 주는데 도움이 될 수 있다. 즉 아동의 신체, 사회, 정서, 언어, 인지, 신앙 발달단계와 심리에 관한 지식을 가지고 아동을 이해함으로써 발달에 적합한 신앙교육이 이루어질 수 있으며 하나님의 창조물로서 아동을 이해하는 데 도움이 될 수 있다고 본다.[10]

주크(Zuck)는 유아들에게 기독교 교육을 시켜야 할 8가지 이유를 제시하였다.
① 유아는 하나님께서 우리에게 주신 선물이며 하나님께서 귀히 여기시기 때문이다.[11]
② 예수님께서는 유아를 가장 사랑하셨으며 높은 가치의 기준으로 여겼기 때문이다.
③ 기독교인의 믿음은 한 세대 이상 지속되지 않기 때문이다.
④ 어린시절에 긴 여정의 가치기준을 세워야 하며 도덕적, 영적 성장은 무한한 가능성이 있기 때문이다.
⑤ 따뜻한 환경 속에서 지속적인 관심과 돌봄, 사랑이 유아에게 그리스도를 구세주로 부를 수 있는 인격적인 반응을 하도록 도와주기 때문이다.
⑥ 유아의 성장은 하나님을 믿고 따르는 기독교적 가정 내에서 가장 잘 이해되고 나타내어지며, 결정되기 때문이다.
⑦ 오늘날 발달한 교육적 기술들은 유아를 효과적으로 가르치도록 도와주기 때문이다.
⑧ 유아가 기독교적인 양육 속에서 풍부한 교정을 받는 것이 절박할 만큼 오늘날의 세계가 세속화 되었기 때문이다.

---

10) 이혜상, 기독교 유아교육과정 모형 개발연구, 서울여자대학교 박사학위 청구논문. 1994. pp.14-15
11) Zuck. R. B ans Clark. R. E. Childhood Education in the Church, Chicgo : The Moody Bible Institute, 1976. pp.16-22

【 생각해 볼 문제 】

1. 기독교 가정교육의 특징은 무엇입니까?

2. 기독교 가정교육의 교육적 기능은 무엇입니까?

3. 자녀교육에 대한 루터와 칼빈의 입장은 무엇입니까?

4. 자녀에게 기독교 교육을 해야할 이유는 무엇입니까?

5. 기독교 아동관이 암시하는 교육적 시사점을 통해 가정에서의 유아 기독교 교육의 방향에 대해 논의해 보시오.

기독교 부모의 정의

인간은 남자이건 여자이건 선천적으로 아이를 양육할 수 있는 능력을 갖추고 있지는 않다. 즉 사춘기가 되면 아이를 낳는 능력은 있지만 아이를 기르고 교육하기 위한 지식은 필연적으로 생기는 것은 아니다. 부모가 된다는 것은 쉬운 일이 아니다. 부모와 자식간의 관계는 하나님에 의해 이루어진 선택할 수 없는 관계이자 끊임없는 노력을 통해서만 원만한 관계를 이룰 수 있기 때문이다. 자녀는 부모들을 통해서 현실 생활에 참여하게 된다. 하나님께서는 유아를 국가도 아니요, 교회도 아닌 부모에게 맡기셨다. 유아는 하나님의 선물이다. 그러므로 유아는 하나님을 위해 양육되어야 한다. 사무엘의 어머니 한나는 기도 중에 잘 고백하였다. "서원하여 가로되 만군의 여호와여… 아들을 주시면 내가 그의 평생에 그를 여호와께 드리고 삭도를 그 머리에 대지 아니하겠나이다."(삼상1:11). 신자인 부모와 자녀는 부모를 통해서 하나님과 연합된다.[12] 부모의 삶 자체가 가르침이고 부모들은 유아들로 하여금 전 삶에서 용기를 갖도록 북돋아 주어야 한다. 또한 부모들은 자신의 신앙형성에 대해 숙고해 볼 필요가 있고 신앙을 재검토 해야 한다.[13]

모세는 이스라엘 부모들에게 하나님과 그들 자신과의 상호관계에 관해서 경고했다. "너는 마음을 다하고 성품을 다하고 힘을 다하여 네 하나님 여호와를 사랑하라 오늘날 내가 네게 명하는 이 말씀을 너

---

12) Norman De Jong, 진리에 기초를 둔 교육, 신청기 역, 서울 : 생명의 말씀사, 1985, p.157-158.
13) National Society and Church House, How Faith Grows,(England : Campfield, 1991) p.72.

는 마음에 새기라"(신 6:5-6). "네 자녀에게 부지런히 가르치며 집에 앉아있을 때에든지, 길에 행할 때에든지, 누웠을 때에든지, 일어날 때에든지 이 말씀을 강론하라"(신 6:7)

말씀에는 최소한 세 가지 사실이 나타나 있다.

① 부모는 성경에 대한 피상적인 지식 그 이상을 소유해야 한다. 부모가 자녀에게 하나님의 말씀을 보다 효과적으로 심어주기 위해서는 먼저 진리의 말씀이 부모의 생활 속에 있어야 한다. 성경의 교리를 가르치는 것도 중요하지만 무엇보다도 말씀 속에 거하는 실생활에서의 모습이 더 중요하다. 마음과 성품과 힘을 다해서 하나님을 사랑하는 부모는 기독교의 진리와 미덕의 명백한 본보기가 될 수 있을 것이다. 아이들은 부모의 눈으로 세상을 바라본다. 부모가 세상을 부정적인 눈으로 바라본다면 아이도 똑같이 부정적인 눈으로 바라볼 것이다. 부모가 하나님을 경외하고 말씀을 생활 가운데 실천하며 생활한다면 아이도 부모와 같은 마음으로 생활을 하게 될 것이다. 부모는 아이의 마음의 거울이다. 그러므로 부모가 예수 그리스도 안에서 하나님이 용서하며, 너그러움, 관대함, 사랑을 부모자신의 생활을 통해 힘써 본받아 실행함으로써 자녀들에게 좋은 모델링이 되어야 한다. 부모는 자신 안에서 하나님 아버지의 성품을 재현시키도록 노력해야 한다. 하나님은 하늘에 계시는 바대로 우리로 하여금 땅에서 드러나게 하기를 하나님은 명하신다(요 14:17).

Bushnell은 유아는 관계를 통해 경험하게 되므로 기독교인 부모는 삶을 통해서 자녀들을 그리스도의 사랑 안에서 그리스도의 성품으로 닮아가게 하는 신앙의 참여행위가 요구된다고 하였다.[14]

---

14) H. Bushnell, Christian Nurture(Massachusetts : Yale University Press, 1967), p.74.

② 가정에서의 효과적인 가르침은 정해진 예배시간이나 교육시간 동안에만 한정되는 것은 아니다. 일상생활을 해나가는 가운데 예를 들어, 식사시간 중, TV를 보면서, 등산을 하면서, 책을 읽으면서, 시장을 갈 때, 잠자리에 들기전, 유치원에 가기전, 심지어는 목욕탕에서도 이루어질 수 있다.

③ 하나님의 말씀이 반드시 가정 전체의 분위기에 침투되어 있어야 한다. 우리가 무엇을 하든지 하나님은 반드시 모든 활동의 중심이 되어야 한다.

그러므로 부모된 자는 "자녀를 노엽게 하지 말고 오직 주의 교양과 훈계로 양육"(엡 6:4)해야 한다. 바울에 있어서 어린이에 대한 이해와 그 교육은 하나님의 은총에 의한 '그리스도 안에 있는' 이해이며 기능인 것이다.

사회문화적으로 볼 때 부모의 의의는 자녀를 가짐으로서 성숙한 한 개인으로서 사회생활과 가족생활을 영위하며, 개인의 차원이 아니라 부모가 되고, 가족을 부양하고 직업적 목표를 추구하며 성장하는 시기이다.[15]

비버스(Veevers : 1973)는 부모의 사회적 의미를 다음과 같이 제시하고 있다.

첫째, 부모가 되는 것은 도덕적인 의무를 수행하는 것을 의미한다.

둘째, 부모가 되는 것은 시민으로서의 의무를 다함을 뜻한다.

셋째, 부모가 되어 자녀를 낳아 키우는 것은 자연스러운 일이다.

이것은 인간의 타고난 본능에 바탕을 둔 것으로 성인이 되어 성생활을 하다보면 자연스럽게 부모가 된다는 것을 의미한다.

---

15) 김덕순, 부모교육의 이론과 실제, 서울 : 성일, 1997. pp.12-20

넷째, 부모가 되고자 하는 것은 한 남성이나 여성으로서의 위치를 받아들이는 중요한 지표이고, 자녀를 갖는 것을 실제로 남성성 혹은 여성성의 능력이 있는가를 나타내주는 중요한 지표로 해석된다.

다섯째, 자녀는 결혼의 목표로 인식되어 슬하에 자녀를 둔 부부는 무자녀 부부보다 더 행복하고 안정된 생활을 하고 있는 것으로 지각되고 있다.

여섯째, 자녀를 가진 부모는 정신위생상 정상적인 상태를 의미하게 되며 부모 스스로도 사회적 완숙과 개인적 안정을 갖게 된다.[16]

그러나 부모가 된 날 특히 어머니가 된 날로부터 여성은 매우 독특한 24시간 근무의 직업에 취직하게 된다. 그것은 '부모'라는 직업이다. 그러나 유감스럽게도 부모가 하루종일을 소비하면서 일생 동안 하고 있는 일을 제대로 표현할 만한 말이 없었다. 그래서 더슨(Dodson)이 새로운 동사 '부모가 되다(to parent)'를 만들어 보았다. to parent란 아이들의 심리에 대해서 과학적으로 모을 수 있었던 모든 정보를 이용하여 행복하고 지적인 인격을 만들어내기 위하여 애정이 넘치는 뒷바라지를 하는 것이다.

부모가 된다는 것은 다만 아이를 낳는 것만으로 끝나는 것이 절대 아니다. 시행착오로 아이를 길러 내는 것도 아니다. 아이를 기른다는 것은 참으로 복잡하고 어려운 일이다. 그러면서도 세상에서 가장 만족스러운 일이다. 사람들은 부모가 되면 '부모'의 역할을 떠맡는 한편 인간이고자 하는 것을 망각할 때가 있다. 지금까지 그들이 보아오고 들어왔던 부모의 역할을 따르려고 하거나 혹은 그들이 보아왔던

---

16) Veevers J. E. The soual meaning of parenthood. Psychiatry. 36. 1973. pp.291-310

그들 부모의 역할과는 반대되는 것을 하려고 한다. 부모는 다른 사람들이 받아들일 것이라고 느끼는 혹은 그들이 책에서 읽었거나 목사로부터 들었던 어떤 기준을 따르려고 할 것이다. 인간적인 실패나 약점없이 그들의 새로운 역할에서 자신들이 완벽하기를 기대한다.

부모는 그들이 항상 일관성이 있을 것이며, 항상 어린이의 편에서 생각하고 행동할 것이며, 어린이 각자를 동일한 방식으로 사랑할 것이라는 믿음에 희생물이 된다.

실존 현상학적 이론가에 따르면 자신과 타인을 받아들이는 것은 좋은 부모가 되는데 있어서 중요한 열쇠이다. 사람은 자신을 수용할수록 타인 또한 더 많이 수용할 수 있다.

유아에 대해서 부모가 갖게 되는 수용의 느낌은 유아의 본성에 따라서 다를 것이다. 즉 그 순간의 감정 상태에 따라서, 상황에 따라서 다를 것이다. 예를 들어 교회의 로비에서보다는 집 뒷뜰에서 크게 떠들고 노는 것을 더 수용한다. 유아와 그의 행동을 수용하는데 영향을 주는 많은 변수들이 있듯이, 부모는 항상 자녀에게 한결 같아야 한다고 느낄 필요는 없다. 부모는 자녀에 대해서 때로는 긍정적으로 느끼고, 때로는 부정적으로 느끼는 사람으로서의 자신을 받아들여야 한다.

고오든(Gordon)에 의하면 부모는 일치된 태도를 애써 꾸밀 필요가 없으며 그 순간에 있는 그대로의 자신이 되는 것에 대해 만족스럽게 느낀다면 가장 바람직하다.

부모자신의 심리적인 문제에 몰입해 있는 사람은 자신의 관심을 돌려 의존적인 아이의 입장에서 이해하기 어렵다. 아이를 기르는데서 오는 매일의 부담과 욕구불만을 이해하고 찾아내는 심리적 자원이 없으면, 효과적인 양육행동을 하는데 필요한 사랑과 온유, 인내,

민감성, 반응성을 나타내기가 어렵다. 즉 기본적인 안정감과 자기에 대한 가치감이 있고, 따뜻하게 돌보는 마음을 갖고, 친밀한 관계를 즐기는 마음을 가진 사람은 효과적인 양육행동을 하는데 필요한 사랑과 온유, 인내, 민감성, 반응성을 나타내며 하나님과 친밀하고 마음과 성품을 다하게 된다.

【 생각해 볼 문제 】

1. 성경에 나타난 부모의 교육적 태도는 무엇입니까?

2. 사회문화적 측면에서 바라본 부모의 의미는 무엇입니까?

3. 실존현상학적 측면에서 바라본 좋은 부모가 되는 길은 무엇입니까?

기독교 부모의 역할

부모와 자녀와의 관계가 밀접하다는 것은 특히 자녀가 어릴수록 부모가 자녀에게 미치는 영향이 크며, 부모로서의 역할이 중요하다는 것을 의미한다.[17] 어브(Erb)는 '어린이는 아버지의 선하심으로부터 하나님의 선하심을 배우며, 사랑하는 어머니의 위로를 통해서 하나님의 위로를 배운다'고 하였다.[18] 부모의 역할을 효과적으로 수행하기 위해 복잡하고 요구가 많은 부모역할에 대해 준비하는 것은 미래의 직업에 대한 준비만큼이나 중요하다. 김재은에 의하면 우리나라의 부모는 자녀를 사랑하고, 그 자녀와 친밀한 관계에 있으면서도 자녀를 충분히 이해하고 있지는 못한 것으로 나타났다.[19] 또한 부모들은 자녀를 객관적으로 관찰하고 독자성을 가진 인간으로 보기보다는 자기자신의 연장으로 보며, 이성보다는 감정으로 대하는 편이어서, 부모와 자녀는 인지상으로나 정의상으로 다소 미분화 되어 있다고 밝히고 있다. 그뿐 아니라 부모는 자녀들의 지적 호기심을 만족시켜주려고 노력은 하나 실제로 그 방법에 관한 정보는 가지고 있지 않으며 관심이 적고 '사랑으로 양육한다'는 신념만을 가진 것으로 보인다고 하였다. 부모역할에 대한 준비의 중요성은 "모든 아동은 훈련된 부모를 가질 권리가 있다."고 한 벨(Bell)의 말에 잘 나타나 있다. 또한 레인골드(Reingold)도 자동차를 운전하기 위해서 면허증을 취득하는 시험을 보아야만 하듯이 부모가 될 사람들은 그들의 능력을 인정받아야만 한다고 역설했다.

---

17) 이영, 조연순, 영·유아발달, 서울 : 양서원, 1988. p19.
18) Erb. A. M. Christian Nature of children(scottdale, pa. : Herald, 1955), p.97.
19) 김재은, 한국가족의 심리, 이화여자 대학교 출판부, 1974, p.38

보사드(Bossard)는 가족 특히 부모와의 관계를 신체적 접촉에 의한 감각적 관계, 정서적 관계, 의견이나 관념의 지적 활동으로 이루어지는 지성적 관계로 분류하였다. 감각적 상호작용 관계는 목소리, 표정, 쓰다듬기, 안아주기 등 비교적 간단한 감각기관을 통한 것으로 말없는 의사소통이라고 할 수 있다. 이는 언어를 초월한 친밀성의 표현으로 인간의 의식 속에 깊이 스며들어 성인이 된 후까지도 남게 되므로 가족관계의 상호작용에 대단히 중요한 의미를 가진다. 정서적 관계는 가족사이의 환희, 비애, 애증으로 다른 어느 집단에서도 볼 수 없이 강렬하게 나타나며 인간형성에 격심한 영향력과 비상한 강화력을 가진다. 지성적 관계는 의견, 관념, 사상, 판단, 평가 등 주로 지적 활동의 교환이나 토의, 검토 등에 의한 상호작용으로서 문화가 높아지며 인격이 향상되어 감에 따라 그 기초 위에서 가족의 결합이 강화 된다고 보는 것이다.[20]

바람직한 부모의 조건은 첫째, 하나님의 말씀에 기초하고, 그 말씀에 의하여 지도받고 고쳐되는 생활만이 하나님을 참으로 기쁘게 할 수 있다는 기독교인이어야 한다. 하나님을 기쁘게 하는 일을 추구함에 있어서 먼저 중요한 것은 부모의 마음을 하나님과 바른 관계에 있게 하는 것이다. 그러나 바른 마음을 가지고 있다 할지라도 하나님의 말씀을 제쳐놓고 홀로 하나님을 기쁘게 하는 방법을 강구하는 것은 헛된 일이다. 따라서 부모의 행동이나 자녀교육도 하나님의 말씀으로부터 나온 것이 아니면 거짓되고 변하기 쉽다[21]는 것을 알고 자녀를 이끌 수 있어야 한다.

---

20) 김명희, 현대사회의 부모교육, 학문사, 1997, pp.46-47.
21) Wallace, R. S. op. cit p.271.

둘째, 온갖 과학지식과 손을 잡고 아이들에게 지금 무엇이 일어나는가를 알고 행복하고 지성과 영성과 인성을 지닌 어른으로 성장하기 위해서 어떻게 지도하면 좋은가를 생각하고 대처해 나갈 수 있어야 한다.

셋째, 특수한 심리학자, 교육자가 되어야 한다. 우선 자기 아이의 심리를 이해해 주어야 하며 가장 중요한 교사역할을 해야 한다.

넷째, 선배들의 경험을 이용할 줄 알아야 한다.

모든 사람에게 있어서 부모가 된다는 것은 배우는 것이라 할 수 있다. 그러나 무슨 일이든 새로 배우려고 할 때는 그것이 자동차 운전이든, 악기의 연주든, 육아든간에 실패가 항상 붙어 다니는 것이다. 그러나 완전한 시행착오 만큼 헛된 일은 없다고 생각한다. 자기 혼자서 이것저것 해보기보다는 지식이나 경험이 많은 선배에게 가르침을 받는 편이 훨씬 간단히 수행해 나갈 수 있다.

기노트(Ginott)는 자녀에게 부모가 솔직한 감정표현의 기회를 마련함으로써 유아들에게 지나친 관심이나, 사랑표시, 의무감 등을 갖지 않게 되기를 제안한다. 자녀들에게 제공되어야 할 실제적 욕구의 충족차원을 넘어서 자녀의 모든 욕구를 충족시켜 주려는 과도한 역할 담당은 피해야 한다는 것이다. 과도한 부모역할을 수행하려 들 때 부모는 자신들의 한계에 부딪히기 마련이므로, 곧 부모-자녀간에 거짓 수용과 같은 위악의 계기로 변질될 수 있다.[22]

따라서 부모의 역할은 첫째, 부모는 유아의 출생 또는 양육의 책임자이다. 부모는 자녀를 낳아서 키우는 양육의 주된 담당자이다. 부모는 자신감과 자율성을 위해 자녀를 훈련시키고 신앙발달, 정서적 욕구

---

22) Ginott. H. G. Between parent and hild. N.Y : Macmillan. 1995. p.25f.

충족, 사회성 발달 격려, 지적 성장자극, 개인의 발달적 욕구에 관심, 이해심을 가지고 훈육하며 이를 위한 적절한 양육환경을 제공한다.

둘째, 부모는 자녀의 영적, 신체적, 심리적 보호 및 적절한 훈육의 책임자이다.

셋째, 부모는 자녀를 교육하는 교육자의 역할을 해야 한다.

넷째, 부모는 자녀에게 동일시 모델의 역할을 수행한다.

다섯째, 부모는 자녀의 상담자 및 친구의 역할을 하게 된다.

【 생각해 볼 문제 】

1. 바람직한 부모의 조건은 무엇입니까?

2. 부모의 역할은 무엇입니까?

제 2 장
유아의 발달 단계 및 양육 이론들

또 어려서부터 성경을 알았나니 성경은 능히 너로 하여금
그리스도 예수 안에 있는 믿음으로 말미암아
구원에 이르는 지혜가 있게 하느니라
(딤후 3:15)

제2장 유아의 발달 단계 및 양육 이론들

　발달이란 작은 것에서부터 큰 것으로 변화하는 과정을 뜻하며, 기능에 있어서 미숙하고 낮은 수준에서 원활하게 높은 수준으로 이행해 가는 과정을 의미한다. 그러나 발달의 개념은 단순히 이러한 양적, 기능적 변화만을 의미하는 것이 아니라, 신체적, 심리적 측면에 있어서 구조적 변화를 가져오는 질적인 변화를 뜻한다.
　유아에 대한 이해와 그 교육이 목표로 하는 것은 신체적으로 성장하는 것, 지혜가 성장하는 것, 사랑 안에서 자라나는 것 등을 주목해야 할 것이다. 지혜란 구약성경을 통해서 본 바와 같이 하나님을 경외하면서 사회인으로서 살아가기 위한 생활의 지혜, 지식, 기능을 뜻한다. 어린이는 신체적으로도 지혜에서도 성장해야 한다. 그러나 궁극적인 목표는 하나님의 은총이 그 어린이에게 내리고 하나님의 사랑과 사람의 사랑 안에서 사는데 있다. 거기에는 전인적인 혹은 전인격적인 교육이나 양육이 요구된다.
　신앙은 어릴 때 자신을 돌보아 주는 사람과의 관계에서 최초로 형성되기 시작하는 것으로 돌보아 주는 사람에게 자신을 맡기는 신뢰의 경험을 통해 성장되어 간다.[23]
　골드만(Goldman)은 "어린이들의 종교적 사고는 그들의 경험에

---

23) Lack. R. E. 교사를 위한 취학전 아동 이해와 기독교 교육, 운형목 역, 서울 : 도서출판 엠마모, p.12.

비례한 지적 발달에 따라 성장하게 된다. 만일 지적 발달의 단계에 맞지 않는 대상에게 그 이상의 종교적 사고를 요구한다면 아동에게는 혼란을 초래하게 될 것이다. 너무 일찍 많은 것을 자주 가르치는 것은 오히려 사고력을 퇴화시킨다"고 하였다.[24]

최일선(1985)에 의하면 신앙에서 말하는 '단계'는 삐아제가 말하는 인식 단계나 콜버그가 말하는 도덕 단계와는 다른 영역이다. 신앙의 단계는 지식과 가치의 통합인 것으로 인식 단계나 도덕의 단계와는 일치되지 않으나 구조적으로 발달되는 단계의 구별이 신앙의 단계에 적용되는 면이 많이 있다.[25]

따라서 본 장에서는 유아의 발달단계와 신앙 발달단계 및 유아양육이론들을 살펴본다. 세계 각국의 부모들은 유아들이 홀로 설 수 있기를 바라면서 여러 가지 희망과 기대를 가지고 양육하고 가르치고 있다. 많은 연구가들은 대부분의 유럽이나 미국의 부모들은 유아들의 정직성, 행복감, 복종감, 독립심, 예의범절, 자기통제, 사려성을 원한 반면 다른 나라 부모들은 유아들의 자발성, 의존심, 성공감, 용기 등을 원한다고 밝혔다. 이렇듯 부모들이 원하는 방향대로 정확하게 유아들을 자라게 한다는 것은 거의 불가능 하지만 유아의 양육과 지도를 위한 적합한 모델들을 선택함으로써 유아들이 바람직한 방향으로 자라나는데 필요한 기술과 가치들을 가르쳐 줄 수는 있다. 유아의 양육과 지도를 위한 최선의 방법은 있을 수 없으며 더구나 수퍼이론도 존재하지 않으므로 신앙, 인성, 아동발달, 학습이론 등과 같은 다양한 모델들이 가정에서 유아들의 훈육과 지도를 위해 제공되어야

---

24) 양은순 역, 어린이 신앙교육, 서울 : 생명의 말씀사, 1993.
25) 최일선, 신앙의 발달 과정, 서울 : 종로서적, 1985.

한다.[26)]

프로이드(Freud)의 심리성적 단계 이론

프로이드의 심리성적 단계 이론(Psychosexual Stage Theory)은 부모와 자녀의 관계, 연구생의 발전적 역사, 배움에 있어서 고비가 되며 염려 되는 곳의 묘사에 있어서 우월할 뿐 아니라 사람의 인생역사와 인간 가운데 하나님 활동의 역사간의 관계는 매우 중요한 의미를 띤다.[27)]

프로이드는 삐아제가 인지발달이 단계를 통해 이루어진다고 한 것처럼 심리성적 발달의 단계가 어린이의 초기를 통해 나타난다는 것을 발견하였다.

태어나서부터 7세까지의 주요한 발달 단계는 다음과 같다.

구순기(oral stage) 0-18개월

항문기(anal stage) 1.5-3세

남근기(phallic stage) 3-7세

프로이드에 의하면 이 주요 정서의 단계적 변화는 성인의 인성에 지울 수 없는 색인으로 남는다.

이 시기가 인성의 발달에 최대한 영향을 미친다. 프로이드에 의하면 인성은 세 가지 주요 구성요인 : 본능적 충동(Id), 자아(Ego), 초자아(Super ego)를 지니고 있다.

---

26) 김미경, 우리나라 어머니들의 유아 양육 및 지도에 관한 관점 연구, 총신논총 10집, 1991, pp.160-161

27) M. J. Taylor, op. cit. p.97.

이드(Id)는 하나의 즐거움이 소용돌이치는 냄비로 비유할 수 있는 공격적인 충동이다. 즉 즉각적인 만족감을 요구하는 본능적 충동이다. 제어하기 힘들며 무가치한 그리고 길들여지지 않고 쾌락만을 추구하는 충동은 성경이 '죄' 라고 부르는 것과 일치한다.[28] 초자아(Super ego)는 이드(Id)와 완전히 반대되는 것으로 의식의 소리이다.

이드(Id)는 언제나 즉각적인 즐거움을 찾고 초자아는 충동을 억제하고, 저지하고, 즐거움의 성취를 못하도록 한다. 만일 Id가 좋은 느낌(feel good)을 만든다면 초자아는 좋은 느낌이 죄의식과 수치심으로 바뀌게 한다. 이드(Id)와 초자아의 계속적인 싸움의 중간에 위치한 제 3의 인성부분이 자아(Ego)이다. 자아는 조용한 소리이며 두 무의식의 거인의 심판인 합리적인 사고이다. 자아는 초자아에서 받아 들일 수 없는 충동적 이드(Id)를 재검토 한다.

자아는 현실이고 내적 요구사이를 조정하는 역할을 한다. 만약 0-6세 사이의 구순기(oral stage), 항문기(anal stage), 남근기(phallic stage)를 어떠한 정신적 상처나 쇼크없이 통과한다면 자아도 순조롭게 지나게 되며 순조롭게 지나지 못하게 되면 우리의 자아는 손상을 입게 된다.

그러므로 자아 발달을 위해 이 시기에 성인과의 인간 관계, 경험이 중요하다. 프로이드(Freud)는 모든 생각, 정서, 행동은 어떤 것도 우연히 발생하는 것이 아니고 어떤 원인에 의해서 결정된다고 보았다. 대부분의 행동은 무의식을 통해 나타나고 무의식적 충동 등은 꿈, 예술이나 문학적 활동과 같은 승화된 행동을 통해서 나타난다고 믿는다. 바울은 충동에서 일어나는 갈등을 서술하고 있다. "나의 행하는

---

28) Ibid, pp.30-32.

것을 내가 알지 못하노니 곧 원하는 이것은 행치 아니하고 도리어 미워하는 그것을 함이라… 내 속 곧 내 육신에 선한 것이 거하지 아니하는 줄을 아노니 원함은 내게 있으나 선을 행하는 것은 없노라… 오호라 나는 곤고한 사람이로다 이 사망의 몸에서 누가 나를 건져내랴?"(롬 7:15, 18, 24).

바울은 그의 자아(Ego)가 때로는 이드(Id)의 충동에 압도 당하나, 그리스도로 인한 하나님의 구원의 은혜가 그로 하여금 죄를 극복할 수 있도록 도와주었다는 사실을 인정하였다.

인생의 싸움과 도전에 아직 대항해 나갈 만한 능력이 없는 자녀에게 선한 부모가 행하는 것처럼, 주께서도 그의 자녀를 위해 행하신다.[29]

프로이드는 유아들은 실재에 관한 개념이 없거나 가치나 원리들에 대한 지식없이 태어나므로 신생아는 모두 이드(Id)이다. 유아는 완전히 비이성적인 존재이며 어린 시기를 통해 자기 자신의 소망, 감정, 경험과 관련하여 세상을 바라본다는 점에서 자기 중심적이다. 그러므로 유아가 취학전 시기 동안에 자기 중심적으로 남아있는 것은 정상적일 뿐만 아니라 이드(Id)의 상태로서 자아를 형성하지 못했기 때문에 생물학적 충동의 완전한 통제하에 있다.[30][31][32]

---

29) Millard Sall, Faith Psychology and Christian Maturity, Mi : Zondervan Corp. 1975, p.31
30) Fromm, E. Man for himself. New York : Holf, Reinehart, and Winstion, 1947, p.31.
31) Freud, S. The basic Writing of Sigmund Freud(A. A Brill, E.d and trans.P. New York : Modern Library, 1938.
32) Hartmann, H. Psyschoanalysis as a scientific thery in T. Millon(Ed) Theories of Psychopathology : An Expositim of individual psychology, New York : Collier Books, 1962.

이성적 자아(ego)를 획득한 성인과는 달리 유아는 here and now(현재)에 의해서만 세계를 바라보고 사건을 넓은 시각으로 바라볼 수는 없다. 따라서 부모들과 교사들은 학년전 유아를 지도하는데 유아의 자기중심성과 세계에 대한 기독교적 관찰과 감정적 접근을 아는 것이 중요하다.

성적 발달 단계

프로이드의 저서들은 성인이 되어가는 과정에서 유아는 결정적 성적 발달 단계(구강기, 항문기, 그리고 남근기, 잠재기)를 거친다고 한다.

구강기, 항문기, 남근기의 세 단계가 특별한 신체적 부위와 관련된 유쾌한 감각들인 반면 잠재기 단계는 세 단계의 성감대에 대한 자극의 중요성을 감소시키는 것으로 특징지어진다.

아이의 인성은 성적 발달 단계 동안에 다른 사람 특히 부모와의 상호작용에 의해 미래의 패턴들이 모두 결정된다. 프로이드에 의하면 유아의 신체중 가장 민감한 부위는 입주 위로써 유아의 만족과 즐거움은 입안과 주위에 집중된 활동과 관련되어 있다. 입과 입 주위가 유아의 만족의 원천이라는 사실은 프로이드로 하여금 이 단계를 구순기(oral stage)라고 명명하도록 했다. 구순기 동안 아이의 성적 충동은 먹는 것으로 집중된다. 음식을 입으로 빨아들이고 삼켜 버리는 것으로부터 유도되는 즐거움은 후에 성인이 지식을 받아들이고 소유물로 획득하는 즐거움의 성과 관련이 있다.

또한 유아는 이 시기 동안 다른 사람과 최초로 밀접한 관계를 형성한다. 특히 엄마의 품 안에서 유아는 의존감을 인식하고 엄마가 없으면 모든 인생이 끝나는 것으로 생각한다. 만약 유아가 만족의 근원인 엄마를 상실한 것같은 불안을 가지게 되면 종속적이고 무기력하고 수동적인 인성이 형성될 수 있다. 유아가 6개월이 지나면서 이가 나기 시작하면 깨물거나 씹는데 이는 유아 자신의 세계의 문제나 도전들에 대해 대처해 나가는 새로운 방법이다. 프로이드에 의하면 깨무는 것은 유아가 공격적인 성향을 나타내는 최초의 활동적인 방법의 하나라고 했다. 2단계에서는 구강부위로부터 항문부위로 민감성이 변화한다. 음식물을 섭취하는 것으로부터 유도해 낸 즐거움을 유아의 장과 방광을 통제하는 것으로부터 유도해 낸 즐거움으로 유아의 즐거움의 근원이 변화한다.

  대변 또는 소변의 압력은 긴장을 만들어내고 배설은 유쾌한 긴장의 방출을 산출한다. 프로이드는 대소변 훈련 시기에 부모들의 훈련 방법에 따라 유아의 인성 발달에 큰 영향을 미친다고 보았다.

  대변 훈련시 부모가 거칠고 엄격하게 야단치고 제한하는 방법을 사용하는 것은 유아로 하여금 반감을 일으키게 할 수 있으며, 유아는 부모에게 대항하는 표시로써 배설을 억제한다. 어른이 되어서도 다른 사람과의 관계에서 고집이 세고 완고한 인성을 형성할 수도 있다. 유아가 저항하는 또다른 수단은 초등학교에 들어가서도 밤에 배설을 하는 것이다. 프로이드는 이러한 유형의 반응은 파괴적이고 적대적인 인성의 원형이라고 보았다. 그러나 부모가 유아 스스로 장의 통제를 숙달하도록 도와준다면 아이는 창조적이고 생산적인 사람이 될 것이다.

  3-4세가 되면 유아는 자신의 음경, 음핵이 유쾌한 감정의 중심이 되며 남자 아이는 음경을 가지고 있으며 여자 아이는 음경을 가지고 있지 않다는 것을 발견한다. 프로이드는 남자 어린이는 아버지를 어

머니의 애정에 대한 자신의 경쟁자로 생각하기 시작하며 아버지가 크고 힘이 세기 때문에 아버지께 대항하는 것은 위험하다고 생각한다. 유아의 최초의 사고는 만약 아버지가 화가 난다면 그의 음경을 제거할 수 있다는 두려움으로 이끈다. 이러한 거센 불안은 남자 아이로 하여금 어머니에 대한 성적 욕망을 억누르고 아버지와 동일시 하도록 한다. 프로이드는 남자 아이의 어머니에 대한 사랑으로 인한 아버지와의 충돌을 외디프스(Oedipal conflict)라고 부른다.

여자 아이는 남자 아이와 패턴이 다소 다르다. 여자 아이도 남자 아이처럼 구강기에서부터 엄마와 강한 의존적인 관계를 가지나 프로이드는 여자 아이는 음경이 없다는 것을 발견함으로써 그녀의 최초의 사고는 자신의 아버지에 대한 감정으로 인해 어머니가 그녀의 음경을 제거했다고 가정한다.

그러나 그 상황의 무기력함은 여자 아이로 하여금 아버지에 대한 근친 상간적인 감정과 어머니에 대한 적대적인 생각을 억압함으로 문제를 해결하도록 시도한다. 여자 아이는 어머니와 동일시하고 여성적 역할과 패턴을 인수한다. 즉 실제적인 폭력이나 부모의 사랑을 상실할까봐 두려워해서 아이는 자기 만족에 대한 유아기의 시도를 포기하고 억압하며 6세 이후에는 성감대와 관련된 즐거운 감정과 문제들이 해결되고 잠재기로 나아간다.

프로이드는 초기 5-6세의 유아의 경험들은 어른의 인성을 결정하는 데 결정적인 역할을 한다고 보았다. 기억은 완전히 잊혀질 수 없으며 무의식적 이드(Id)과정을 통해 최초의 경험들은 계속적으로 영향력을 가진다. 부모들은 유아가 두려움과 충동을 상상에 의해서보다는 현실에서 사물과 사람을 통해 해결하도록 도와 주어야 한다.

이드(Id)는 성과 공격이라는 기본적인 본능으로 이루어져 있으며 유아의 행동이 선하든 나쁘든 그 안에 행동의 근원이 있다. 이드(Id) 안에 있는 강력한 자기 충동(self-serving drives)들은 변화될 수는 없으나 부모 주변 사람들에 의해 최초로 방향을 고치거나 통제될 수 있으며 후에는 자기 자신에 의해 통제된다. 그러므로 부모는 이러한 내적인 힘을 이해하고 아이가 어렸을 때는 아이의 본능적인 충동의 표현을 도와주고 차츰 아이 자신이 통제할 수 있도록 도와준다.

에릭슨(Erikson)의 발달 단계 이론

심리치료의 방법인 정신분석은 오늘날 프로이드를 추종하는 신 프로이드 학파들에 의해 계승되고 있다. 프로이드의 제자중 한 사람인 에릭슨은 프로이드의 이론을 가장 근대화 시켰다. 프로이드는 정서 성장의 부정적이고 병리학적인 면을 강조한 반면 에릭슨은 광범위한 내용 속에서 이론을 다루었다. 따라서 발달은 전 생애를 통해 계속적으로 발달한다고 보고 유아기, 청년기, 성인기에 특별히 중요한 것을 제시하였다. 비록 에릭슨이 유아기에서 성인기에 발달 단계를 잘 제시하였으나 이 장에서는 취학전(1-6세)에 초점을 맞출 것이다.

에릭슨의 심리사회적 발달 이론은 유아의 자아형성과정을 이해하는데 중요하다. 이 이론은 가정 안에서 유아로 하여금 부모를 신뢰하는 '믿음'을 통해서 하나님을 믿는 '믿음'과 '믿음의 태도'로 전이될 때에 믿음의 기반으로 적용될 수 있을 것이다. 유아가 자아를 형성하여 바르게 살아가기 위해서는 신뢰할 수 있는 대상이 있어야 한다. 이때 궁극적인 신뢰를 갖게 해 줄 수 있는 것은 부모가 유아에게 미치는 종교적인 영향력이다. 즉 신뢰감이 형성되는 시기에 부모의 신앙과 인격 그리고 태도가 중요하다. 이 시기를 통해 부모의 일관성 있는 교육 방식은 건전한 자아개념 형성을 돕고 부모의 애정과 존경과 확신은 신앙형성의 절대요인이 된다. 또한 유아의 자율성은 유아가 신뢰감을 가지고 행동할 때에 기독교적 생활습관과 독립적인 신앙태도를 형성시켜 준다고 한다.[33] 그리스도인의 자율 또는 자유는 '자의' 와 혼동해서는 안 된다. 자유란 단순히 마음대로 행할 수 있다는 것을 의미하지는 않는다. 칼빈은 그리스도인의 자유라는 것은 이 세계 안에서 신이 원하는 질서를 악화시킬 것을 허락하지 않는다. 그리스도는 우리를 자유롭게 하셨으므로 우리의 일상생활은 "우리는 우리에게 속하는 것이 아니라 주에게 속한다"라는 진리 밑에 있다.[34]

1단계 신뢰감 대 불신감(O-18개월)

기본적 신뢰감이란 돌봐주는 사람이 아기의 기본적 욕구를 잘 파악하여 일관성 있고 민감하게 충족시켜줄 때 아기가 이에 대해 갖는 믿음을 말한다. 양육의 질, 보호의 질, 먹는 것, 입는 것, 목욕하는 것, 껴안는 것에 영향을 받아 신뢰감과 불신감이 발달한다. 젖을 먹이느냐, 우유를 먹이느냐가 문제가 아니라 먹이는 것과 아이를 키우는데 신체적 접촉과 안정감이 영향을 준다.

생후 1-2년 동안은 아기가 거의 전적으로 어른에게 의존하여 생활하는 시기이다. 이 시기에 따뜻하게 보호받고 보살핌을 받으면 아기는 그 사람을 신뢰하게 되고 후일 다른 사람들도 신뢰하게 된다. 그러나 만일 거친 손길에 의하여 애정 없는 보살핌을 받거나, 일관성이 없

---

33) 이경우, 이혜상, 유아를 위한 기독교 교육의 이론과 실제, 서울 : 창지사, 1988, p.82.
34) 빌헬름 니이젤, 칼빈의 신학, 이종성 역, p.10.

는 양육을 받게 되면 사람과 사회를 불신하는 자세를 학습하게 되며, 이것은 인생의 출발점에서 겪는 커다란 비극이라 아니할 수 없다.

기본적 신뢰감은 앞으로 살아갈 세상이 안전하고 확실하며 예언할 수 있고, 살아갈 만한 곳인지에 대한 믿음으로 확장된다. 기본적 신뢰감은 내적으로 아기에게 자신감을 주는 반면에 기본적인 불신감은 부모나 주위 환경으로부터 아기의 욕구가 채워지지 않았을 때 일어난다. 불신감을 가진 아기는 자신을 무력한 존재로 느끼며 세상은 불확실하고 좌절을 안겨주는 것으로 지각한다.

신뢰감은 두 가지 방법에 의해 형성될 수 있다. 첫째는 영아를 양육하는 사람이 잘 돌보아 주므로 해서 양육자에 대한 신뢰감을 형성하는 것이며, 둘째는 영아가 자신의 행동을 예측하고, 예측한 목적을 달성할 수 있도록 환경을 조성하여 자신의 능력에 대한 기본적 신뢰감을 형성하는 것이다.

에릭슨은 어린이가 의존하는 세계를 감각을 통해 따뜻하게 보호해야 한다고 했다. 엄마는 실제로 어린 아기에게는 전부이다. 엄마가 사라졌다 다시 나타나는 것을 통해서 조차 어린 아기는 배운다.[35]

시어(Sears)와 그의 동료들은 유치원아를 대상으로 한 연구에서 부모 자녀관계에서 따뜻한 온정감이 중요하다는 사실을 밝혔으며[36] 25년이 지난 후 그때 원아였던 사람들을 추적 조사한 데이비드(David)[37]와 맥렐랜드(Mcclelland)와 그의 동료들은 부모 특히 어

---

35) 김재연, 김경희, 부모교육, 서울 : 양서원, 1980, pp.74-76
36) Sears, R. Relation of early Socialization experiences to self concepts and gender role in middle chidhood, Child Development, 41, 1970, pp.267-289.
37) Davids, A. self concept and mother-concept in black and white preschool children. Child psuchiatry and Human Development. (1) 1973, pp.30-43.

머니가 자녀들에게 애정을 보이고 함께 놀이를 같이하는 것이 어린아이들의 사회적, 도덕적 성숙에 크게 영향을 줌을 발견하였고 부모가 어린아이를 사랑해 주고 그들과 함께 즐거워하는 것이 어린아이들의 후기 생활에 있어서 그들의 도덕적, 사회적 성숙을 크게 촉진시킨다고 밝혔다.

컬리에 의하면 신앙과 신뢰란 성경적인 관련성에서 신학적인 의미로 주어진 종교적인 어휘들이다. 기독교적인 가르침의 신앙은 하나님께서 당신을 사랑하는 자들을 위하여 모든 것을 통해서 선을 이루어 주시리라고 확신하면서 그분께로 나아가는 길이다. 신뢰란 하나님께서 이미 약속하셨던 것을 행하실 것이라는 확신감이다. 신앙이란, 자기 안에서 어떤 안전감을 가져오게 하는 그 자기를 뛰어넘는 일이다. 이 두 가지는 밀접하게 연결되어 있다. 신뢰란 사랑에 대한 인간의 응답이다. 창조주이시며 구속주이신 하나님은 사람 하나 하나를 사랑하시되 그가 누구이든지 어떻게 행동하든지 가리지 않고 사랑하신다는 사실을 믿는 사람들, 이들에게는 사랑하는 신뢰가 곧 하나님의 사랑에 대한 응답인 것이다.[38] 부모를 믿고 의지할 수 있다는 신뢰는 하나님 신뢰에 예비적 태도로서 중요하기 때문에 격려되어야 한다.

2단계 자율성 대 수치심(18개월-3세)

유아기의 두번째 단계는 에릭슨이 명명한 자율성 대 수치심의 인성 발달 단계에 접어든다. 이 시기는 전적으로 엄마에게 의존하던 것

---

38) Cylly, I. V. 아동의 기독교 교육 개발, 홍철화, 이원종(공역), 서울 : 컨콜디아사, 1985, pp.159-174

에서부터 벗어나 자기 신체를 마음대로 조절할 수 있게 되며 서고, 걷고, 뛰고, 대소변을 가누고, 숟가락질, 옷입기, 세수 등을 하게 됨으로써 퍽 자율적 존재가 되는 셈이다.

신체적 성숙은 또한 젖먹는 것으로부터 해방과 대소변을 가릴 수 있게 장과 방광조절을 어떻게 하는지 배우게 된다. 그러므로 이 시기의 긍정적인 면인 자기 지식의 감각이 발달한다. 그러나 에릭슨은 정서발달도 할 수 있다고 했다. 첫 단계에서는 특히 의존적인 요구가 충족되는 데에 민감했으나 두 번째 단계에서는 완전의존상태에서 벗어나 상당히 독립적이면서 특징은 반항적이고 고집이 세며 '아니' '내가' 라는 말을 많이 사용한다. 이 때 부모가 자녀의 독립성을 허용하지 않으면 유아는 자신을 잃고 수줍어하며 수치심이 발달한다. 커서 의사결정을 독단적으로 하지 못하고 남이 하라는 대로 하는 비능동적인 인품의 소유자가 되기 쉽다. 따라서 부모는 어린이의 자유와 자율성을 도와주어야 한다. 만일 3세아인 자녀가 구두끈을 매려고 시도하고 있는 것을 발견한다면 아이가 구멍에 끈을 넣는데 20분 이상 걸리더라도 인내심을 가지고 지켜볼 수 있어야 한다. 참지 못하고 부모가 해주면 어린이의 자제력이 발달할 수 없다. 부츠를 신고, 코트를 입는 것, 어떻게 장난감을 가지고 노는가를 알아내는 것과 같은 과정도 마찬가지이다.[39]

이 시기에 부모는 다른 시기 보다 부정적 반응을 자주 보이는데 예를 들어 엄마가 하루에 '안돼' 라는 말을 30번 이상 한다면 이는 어린이가 자기조절 능력을 발달시키는데 방해가 된다.[40]

---

39) Erikson, E. H. Identity and the life cycle, Psychological Issues, 1959, L, Monographl
40) 박성희, 공감과 친 사회행동, 서울 : 문음사, 1996.

이 시기의 어린이는 말을 시작하면서 독립성이 균형을 이루어 발달한다. 처음 말을 할 때 주저하게 되는 것을 어른들은 이해해야만 한다. 모든 어린이가 이 시기에는 걷고, 뛰는 것을 배우는 것처럼 입속으로 머뭇거리고 계속적으로 중얼거린다. 이 시기에는 중얼거리고 언어를 잘못 사용하는 것을 되풀이하는 것이 언어를 증진시키는 확실한 방법이다. 어린이가 처음 시도했을 때 잘못했다고 지적을 일일이 해주면 수치심이 발달할 수 있으므로 자연스럽게 아이가 잘못 말한 것을 완전한 문장으로 고쳐서 다시 한 번 되풀이 해서 말해주고 아이를 따라서 아기 말을 하지 않는다. 버튼(Burton)은 이 시기의 부모양육의 형태가 어린이의 우월감, 통솔력, 독립심, 자기조절과 연관이 있다고 밝혔다. 이 단계에 부모와 자녀사이의 상호작용의 형태들은 자신감과 미래 통솔력을 정확히 예견할 수 있다. 대부분 가장 성공적인 형태들은 상당히 비지시적인 가정에서 이루어진다. 효과적으로 지도하는 엄마들은 말을 정확히 하고 명칭을 붙이는 것을 많이 다룬다.

또한 아이가 활동을 선택하는데 독창성을 허용하고 엄마에 의해 창안된 활동과 어린이에 의해 창안된 활동사이의 균형을 이룬다. 자주 엄마는 어린이의 아이디어를 묻고 활동의 이해를 돕는 질문을 한다. 예)만일 내가 이 방법으로 퍼즐을 넣는다면 어떻게 될 것인가를 생각해 보아라. 만일 네가 큰 병에서 작은 컵으로 물을 옮겨 붓는다면?

자녀의 흥미를 돋우고, 호기심을 유발시킬 수 있는 자극적인 환경을 제공하고 자녀와 자주 이야기를 나누고, 약간의 창의력을 주고, 자녀의 물음에 간접적으로 가르치고, 그들의 인식력과 아이디어를 끌어내는 부모는 자녀의 자신감을 발달시키는데 가장 긍정적인 효과를 지닌다.

3단계 : 솔선성 대 죄의식(3세-6세)

3번째 인성 발달 단계는 솔선성 대 수치심이다. 이 시기는 유아들의 관심이 신체에만 머물러 있지 않고 주위 사람들과 사물들에게로 확대되는 시기이다. 유아는 풍부한 상상력과 그 동안 익힌 유희기술을 구사하면서 갖가지 놀이에 열중하며 여러 가지 역할을 수행해 보기도 한다. 또한 샘솟는 호기심을 채우기 위하여 질문을 많이 하거나 창의적인 행동을 하기도 하고, 적극적으로 친구들을 사귀어 활동 범위를 넓히기도 하며, 주위의 사물에 관심을 갖고 탐색하기도 한다.

만일 부모가 지나치게 간섭을 하거나 호기심을 말살시키거나 유아의 물음에 무관심하게 대답해 주면 유아는 자발성과 호기심을 잃게 되고 오히려 죄책감에 사로잡혀 정서적으로 불안정하게 된다.

이러한 경험을 자주한 유아는 대체적으로 새로운 경험을 두려워하고 계속 성인에게 의존하려 하며, 내향적인 유아로 자라기 쉽다. 또한 이 시기에 여자로서, 남자로서의 동일시가 최대한의 영향을 받는다. 이전 단계에서 어린이는 자기 교수를 할 수 있는 인간이 될 수 있다는 것을 알아냈다. 이젠 이 감각이 여성다움, 남성다움의 지각을 가지고 나는 어떤 종류의 인간인가를 발견한다. 이 단계의 어린이는 적당한 어른을 모델로 하고 모방하고 동일시하기 시작하며 많은 비난 없이 어린이 자신을 표현하도록 허용하는 가정 속에서 가장 준비가 잘 된다고 할 수 있다.[41] 이러한 분위기 속에서 남자 아이는 엄마에게 특별히 흥미를 가지고 자라나는 자신의 남성다움을 직접적으로 표현하게 될 것이다. 엄마의 관심과 영향을 받기 위해 아버지의 경쟁

---

41) 박아천, 현대의 교육 심리학, 서울 : 학문사, 1995.

자가 된다. 여자의 경우도 마찬가지로 여성다움을 발견하게 되고 아버지에게 애착을 갖게 된다. 재미있는 예를 들어보면 남자아이는 아빠가 회사에 나가면 엄마를 힐끔 쳐다보기도 하고 나는 집에 남아서 아빠가 늙으면 엄마를 돌볼거라고 하기도 하고 엄마와 결혼을 할거라고도 한다. 여자 아이의 경우는 아빠와 함께 외출하기를 원하고 엄마는 집에 남아서 다른 형제 자매를 돌보기를 바란다. 그리고 아빠와 결혼할거라고 말한다. 이러한 행동들은 단순히 우스운 말이 아니라 처음으로 나타나는 성 동일시의 의문을 반영한다. 만일 이렇게 했을 때 야단을 치거나 비난을 하고 때린다면 어린이는 성 동일시와 관련하여 강한 죄의식의 감정이 남게 된다. 따라서 이 단계에 어린이들이 갖고 있는 감정과 정서를 받아들일 필요가 있다.

【 생각해 볼 문제 】

1. 인성의 세 가지 주요 구성요인은 무엇입니까?

2. 프로이드의 성적 발달 단계의 특징은 무엇입니까?

3. 에릭슨의 사회성 발달 단계의 특징은 무엇입니까?

사회 규준 이론

사회 규준론자에 의하면 유아는 사회적 흥미(social interest)를 가지고 태어난다. 즉 유아는 잘 형성된 사회적 감각을 지닌 성인이 될 능력을 가지고 있으므로 적절한 지도를 해주면 유아는 다른 사람과 잘 협동하게 되고 사회의 다른 성원의 필요에 공헌을 하게 된다. 애들러(Adler)는 유전과 환경은 아동의 행동에 대한 가능성을 제공한다고 본다. 드레이커스(Dreikurs)와 앨레드(Allred)는 애들러처럼 유아의 삶을 형성하는데 부모와 형제의 영향을 지적했다. 가정의 분위기는 남편과 아내가 형성하는 상호작용의 스타일에 의해 성립된다.[42)43)] 만약 부모들이 협동과 상호보조의 형태를 수립한다면 유아들도 삶에 있어서 협동적 패턴을 훨씬 잘 수립할 것이다. 반면 부모들이 끊임없이 힘과 지위에 대해 경쟁한다면 아이들도 경쟁적인 상호작용을 선택할 것이다.

또한 한 가족에 속한 아이들간의 차이는 형제간의 상호관계에 의해 이루어진다. 출생순서의 관계는 유아들의 생활 형태를 형성하도록 한다. 첫째 아이는 1-2년 동안 부모들의 특별한 관심을 받지만 둘째 아이가 병원에서 집으로 오는 순간부터 이 특별한 관심은 끝나게 된다. 애들러는 만일 첫째 아이가 아기 동생을 받아들일 준비가 되어 있고 관심의 대상에서 물러나야 하는 충격을 빨리 극복하지만 그렇지 못한 경우는 부모의 관심을 잃는 고통이 매우 클 것이다. 애들러

---

42) Dreikurs, R. Psychology in the Classroom(Ind ed), New York : Bookcraft, 1968.
43) Allred, G. H. Mission for mother : Guiding the Child. Salt Lake city : Bookcraft, 1968.

는 첫째 아이들은 엄마와 아빠의 역할을 받아들임으로 어린 동생에 대한 책임감을 가지며 부모의 역할을 받아들이고 다른 모델보다 부모와 더 밀접하게 부합한다. 둘째 아이는 형을 모델로 삼으며 행동과 기대에 대한 중요한 단서를 부모와 형제 사이에서 받아들이게 되므로 둘째 아이는 첫째 아이보다 협동적이고 사교적이 될 좋은 상태에 놓여 있게 된다.

애들러는 둘째 아이로부터의 압력이 둘 사이의 경쟁을 가속화시키며 이러한 압력에 대응하여 첫째 아이는 어린 동생에 대한 라이벌 의식을 느껴 더 열심히 노력함으로써 상급학교에서 더 좋은 성적을 얻게 될 수도 있다고 했다. 샘프슨(Sampson)은 첫째 아이의 물러남(dethronement)은 가족 구성원의 중심으로서 자신의 위치를 회복하기 위해 생애의 대부분을 보내도록 한다고 결론지었다. 이것은 첫째 아이로 하여금 높은 성취동기로 이끌 수 있다. 막내 아이는 영원히 가족의 아이로 남아 있을 뿐만 아니라 모든 가족들이 자신을 돌봐주고 모든 문제를 해결해 줄 것으로 기대한다. 그러나 막내는 다양한 모델과 경쟁할 기회가 많이 있으므로 종종 우수하게 된다. 모든 유아는 개인적인 잠재력을 가지고 태어나므로 유사한 환경하에서도 매우 다른 개개인이 된다. 이는 유전적 요소와 환경에서 발생한 문제들을 처리하는 창조적인 힘 또는 능력에 의해 좌우된다. 유아는 개인적 목표를 선택하고 그의 지각에 맞도록 시계를 만드는 작업을 하기 때문에 애들러는 유전과 환경이 인과적 역할을 한다는 개념을 논박하면서 유전과 환경은 단지 가능성이라는 점에 있어서 문제와 영향을 제공할 뿐이다.

사회적 흥미는 성숙되는 것으로써 부모들이 의식적으로 고무하는 것이 중요하며 또한 유아의 사회적 관심을 발달시키기 위하여 부모들은 인성 발달의 역동성을 이해해야만 한다. 애들러에 의하면 유아는 내적 자극인 심리적, 유전적인 작용과 외적, 환경적 자극에 반응함으로써 생후 5년 후 생애를 정착시킨다. 유아의 경험을 평가하기에는 제한된 경험을 가지고 있기 때문에 사회적 생활에 관한 가장 효과적인 접근에 대한 잘못된 결론을 이끌어 낼 수도 있으므로 삶의 문제를 해결하는데 비효과적이고 잘못되게 해결하는 것이다.[44]

부모들의 기대는 유아의 행동에 단서가 될 수 있다. "이 아이는 다른 사람 앞에서 항상 부끄럼을 잘 탄다"고 말하는 부모는 아이에게 신호가 되며 아이는 무의식적으로 기대된 것처럼 반응한다. 또한 아이들의 잘못에 대해 부모가 반응하는 것은 사회적 체제에 있어서 자신과 자신의 가치에 대해 잘못된 결론을 이끌게 할 수 있으며 유아의 잘못에 대해 항상 주목하는 것은 유아가 다시 시도하려는 노력을 제지하게 된다. 드레이커스(Dreikurs)는 부모들은 종종 아이의 잘못된 행동을 강화하고 유지하는 방식으로 반응하는데 이는 유아들을 열등한 자로 취급하는 데서 기인한다고 본다. 민주주의 사회에서는 모든 사람이 평등하듯이 아이들 역시 평등하게 취급하여야 한다. 유아는 경험과 교육뿐만 아니라 결정하고 선택할 수 있는 자격을 지니고 있으므로 부모는 가족 모두의 이익을 위해 가정 내의 규칙을 세우고 이러한 제한 내에서 유아들에게 선택권을 주어 유아자신이 결정하도록 허용하여야 한다. 또한 자신의 행동에 대해서는 책임을 지며 자신을 돌볼 수 있으며 자신의 신념을 보여줄 수 있다고 생각하게끔 키우므로 유아는 점점 용기를 갖고 사회적 관심 및 흥미를 갖게 된다. 드레이커스는 유아는 세 가지 방식 중 하나의 방법을 통해 자신의 지위를

---

44) Adler, A. Social interest, New York : Capricorn Books, 1964.

획득하려 한다고 믿었다. 유아는 다른 사람의 관심을 얻는데 초점을 맞추고 다른 사람들에게 자신의 힘을 증명하려고 복수를 시도하며 실수할 가능성이 있는 영역에는 참여하지 않고 거부하거나 무능력을 가장하고 부족함을 나타낼 것이다.

드레이커스에 의하면 유아들을 통제하려는 시도는 권력과 우월에 대해 부모와 유아 사이에 투쟁을 이끌 수 있다. 부모들이 권력의 사용을 증가시키며 유아들에게 영향을 끼치려는 노력을 강화시킬 때 유아는 자신에게만 모든 사람들이 복수와 앙갚음을 추구한다고 느낀다. 따라서 협동, 관심 또는 권력을 통해서 그룹 내에서 어떤 위치를 획득하는데 실패하면 유아는 마치 자신이 인정을 받을 수 있는 방법은 오로지 나쁜 방법으로 명성을 얻으므로 이루어진다고 믿고 행동한다. 이러한 목표에 의해 동기화된 유아는 다른 사람들의 약점에 매우 민감하고 다른 사람들을 공격하는 것을 주저하지 않는다.

수동적인 유아와 계속적으로 낙심한 유아는 그들이 성공하리라는 희망을 가지지 못하며 실패에 대한 두려움이 모든 시도를 중지시킬 수 있다. 낙심한 아동은 너무 쉽게 자신의 무능력을 확인시키려고 한다. 그러므로 부모들은 유아의 목표의 성질과 다른 사람들과의 상호작용의 전형적인 패턴을 인식해야 한다. 일단 부모가 목표를 인식하면 부모들은 그들의 행동을 변화시키는 위치에 있게 된다. 자녀의 행동과 태도의 지속적인 변화를 원하는 부모들은 먼저 그들 자신의 태도를 바꾸어야 한다.[45]

드레이커스의 민주적 양육이론은 자녀의 인격을 존중하고 부모와의 상호존중을 중요시하여 자녀들의 자기 통제 및 독립적인 사람으로

---

45) 김미경, op. cit. pp.162-163.

양성시키는 데 목적을 두고 있다. 드레이커스의 이론적 가정은 가족 내의 사회화 과정에서 민주적인 부모-자녀 관계를 적용하려는데 있다. 부모들은 어린이가 부모를 존중하지 않는 것으로 생각하기 쉬우나 존중받는 자녀는 자신을 존중하는 것을 배우며 이렇게 존중하는 태도를 통해 결국 다른 사람은 물론 부모를 존중하게 된다.[46]

〈실제 지도 모형〉

(1) 끊임없이 부당한 관심과 도움을 원하는 유아의 경우, 부모는 유아의 요구에 반응하는 방법을 변화시키므로써 변화를 일으킬 수 있다. 유아들이 확실히 스스로 행할 수 있는 능력과 기술을 가지고 있는 영역에서 도움과 관심을 추구할 때 부모는 유아의 요구를 들어주지 않고 조정해야 한다. 부모는 "나는 네가 그것을 해낼 수 있다는 것을 알아"와 같은 단순한 말로 유아의 요구를 인정할 수 있으나 유아의 기술과 능력에 관한 긴 훈계는 피해야 한다.

(2) 유아의 주목표가 힘일 때 부모는 다른 행동의 변화를 해야 한다. 유아들과 부모들은 종종 논쟁하고 싸우는 것을 서로 서로에게 가르치는데 부모가 이러한 패턴을 바꾸고자 한다면 부모들은 싸우는 그 상황을 피해야 한다. 더이상 싸움을 않겠다고 부모가 결정해야 한다. 싸움이 진행된다고 인식되면 부모는 "우리가 또 싸움을 하고 있구나, 나는 싸움을 하지 않기로 했다"라고 간단히 말하도록 한다. 전략적인 후퇴는 종종 유용하다.

---

46) 김명희, 현대사회와 부모교육, 서울 : 학문출판(주), 1997, pp.189-190.

(3) 자기 자신은 손상되고 있으며 따라서 다른 사람을 손상시킬 권리를 가지고 있다고 인식하는 유아는 사람들을 신뢰하도록 해야 한다. 부모들은 유아의 올바른 행동을 발견하는데 집중해야 한다. 유아의 약점만 보지 말고 장점을 보도록 하므로써 긍정적인 반응을 보일 필요가 있다. 부모들의 역할은 유아 자신을 용기있는 사람으로 바라볼 수 있도록 가르치는 것이다.

【 생각해 볼 문제 】

1. 형제중 첫째와 둘째, 막내에 대한 부모의 상호작용 형태와 영향은 무엇입니까?

2. 유아의 사회적 흥미를 성숙시키기 위한 부모의 태도는 무엇입니까?

3. 끊임없는 관심과 도움을 원하는 유아에게 부모는 어떻게 반응해야 합니까?

4. 힘을 행사하려는 유아에게 부모는 어떻게 반응해야 합니까?

5. 다른 사람을 해하려는 유아에게 부모는 어떻게 반응해야 합니까?

발달 성숙 이론

아놀드 게젤(Arnold Gesell)에 의해 발달된 발달-성숙 이론은 지난 50여년 동안 미국에서 가장 많이 사용된 아동상담 이론 중의 하나이다. 게젤은 모든 성장은 아동의 유전적 형질의 결과이고 인간의 기나긴 진화론적 역사의 산물이라고 보았다.

게젤은 성장은 분화와 통합의 점진적인 과정으로써 기본적인 행동 패턴들을 통합과 안정화로 보았다. 분화와 통합의 과정은 개인의 유전인자에 의해 통제되고 이끌어져 개인차가 존재하기는 하지만 인류 공통의 기본적인 행동 특성을 갖는다. 게젤은 행동을 반사적, 자발적, 자동적 혹은 학습된 모든 반응을 나타내는 용어로 사용하였으며 완전히 성숙한 인간은 자신의 문화에서 살아가는데 필요한 행동 패턴을 가진다고 했다. 게젤은 수백명의 유아를 대상으로 발달은 직선적으로 나아가는 것이 아니라 변동이 심하며(오른쪽과 왼쪽, 위와 아래 등) 쉽게 적용을 하거나 행동의 새로운 형태를 발전시키려고 할 때 평형(equilibrum)의 기간을 거친다고 하였다. 이러한 평형과 비평형의 과정은 인간의 심리학적 성장의 특성이다.[47]

게젤과 아마트루다(Amatruda)는 인간의 성장은 네 영역에서 동시에 발생 한다고 주장한다.[48]

첫째, 운동 행동 및 신체조정(Moto behavior)-대근육과 소근육의 성숙

---

47) Gesell, A. Infant Development. London : Hamish Hamiltion, 1952.
48) Gesell, A. and Amatruda, C. S. Developmental diagnosis, Normal and abnormal child Development, New York : Harpen, 1941.

둘째, 적응행동(Adaptive Behavior)- 신체적 문제 해결에 대근육과 소근육의 협응 사용, 기는 것에서 걷는 것으로 나아가는 것과 같은 새로운 적응까지를 포함, 물체에 대한 반응

셋째, 언어행동(Language Behavior)-언어적, 비언어적 메시지를 포함(흉내, 다른 사람의 메시지를 이해하는 능력 등).

넷째, 인성-사회 영역(Personal-social)-문화적 관습, 대인관계 등으로 인성, 정서, 정신적 성장을 주도하는 기제. 유아는 성장의 주기에 따라 성장하는 유기체로서 완전한 형태로 물려받은 것이 없으므로 심리학적 측면을 포함한 삶의 모든 측면에서 성장해야 한다.

유전인자는 유아의 패턴화된 성장뿐만 아니라 개인차를 이끈다. 유아의 개성은 너무 강하므로 그 나이의 어떤 다른 유아와도 같지 않다. 그러나 게젤과 일그(Ilg)는 개인차는 인간 성장의 기본적인 계획을 쫓지 못할 만큼 크지 않으므로 모든 유아는 발달 형태에 따라 발달한다고 지적했다. 게젤과 그의 동료들은 출생에서부터 16세까지의 기준은 유아들이 따라야 하는 틀이 아니라 유아의 행동을 해석하고 지향하는데 사용되어져야 한다.

게젤의 이론은 유아의 양육과 사회화에 초점을 맞추었다. 게젤과 그의 동료에 의해 사용된 기본 개념은 부화와 통합으로, 성장은 신경조직, 근육구조, 행동의 분화와 통합의 귀속적 과정이다. 분화와 통합의 모든 단계성은 평형, 비평형의 주기를 반복하면서 보다 복잡하고 새로운 통합된 단계로 나아간다. 이러한 주기의 이해는 부모가 유아의 욕구를 알고 반응하도록 도우므로 게젤은 부모들이 보다 예민하게 유아의 요구에 반응하고 잠재력의 실현을 극대화하도록 도와주

어야 한다.[49]

　1살된 유아의 부모는 유아의 개성에 대한 발달적 적응을 얻기에 가장 쉬운 기간이다. 부모는 가혹한 정서적 방법의 훈육을 삼가고 유아의 미성숙을 이해하고 도와주어야 하며 유아의 자아통제 기제를 아는 것이 중요하다.

- 4주된 아기 - 배고프면 울고, 음식으로만 조용하게 할 수 있다.
- 16-18주 - 음식을 줄 동안 약간 기다릴 수 있으며 배고픔의 고통이 덜하다.
- 8개월 - 환경적 단서에 대한 학습을 시작하며 보통 앉아서 먹던 식탁을 보며 점심시간에 운다든가 하는 행동을 보인다.
- 2.5세 - "잠깐만"이라고 말함으로써 기다리는 법을 배운다.
- 4세 - 식사 준비를 도울 수 있다.

　부모가 유아의 1살 때의 특별한 스타일을 이해하려고 노력한다면 유아의 주기는 반복되기 때문에 자기 통제 패턴에 반응하기도 훨씬 쉬워진다. 1세까지의 유아의 개인적 패턴이 2-5세에도 같은 주기로 반복된다. 만약 유아가 적응에 실패하는 경우는
　첫째, 적응할 만큼 충분히 성숙되지 않아서 이전 단계에 매달리는 경우이므로 부모는 때가 될 때까지 기다려야 하며
　둘째, 상황 자체가 더욱 복잡한 경우이므로 부모는 유아의 환경을 유아가 변화를 만들 수 있도록 충분히 단순화시킨다.
　셋째, 유아 초기에 부모는 목적의식과 책임감을 발달시키기 위한

---

49) Ibid. p.16-166.

기회를 주어야 하며 이때 유아의 개인차를 고려해야만 한다. 유아의 욕구에 대해서는 가능하면 즉각적이고 부드럽게 대처하므로써 안정감과 자신감을 발달시킨다.

　넷째, 발달적 모델은 유아의 필요에 따라 유아의 성장과 적응에 민감하다.

　다섯째, 행동의 유전적 토대를 이해함으로써 미성숙의 상태에서 직면하게 되는 어려움에 대해 인내심을 갖게 된다.

　유아의 요구와 부모의 문화적 요구가 균형을 이루기 위해서는 우선 부모가 유아의 신체와 행동에 대한 진정한 이해를 함으로써 가능하다. 부모는 유아의 행동적 변화가 유아의 성장과 학습을 위한 방법임을 받아들여 유아의 자아요구 스케줄에 따른 반응을 보여야 한다. 유아의 인성은 천천히 그리고 점진적인 성장의 결과이다. 유아는 일어서기 전에 앉고 말하기 전에 옹알거리므로 부모는 미리 정해놓은 패턴으로 유아들에게 압력을 가하지 말고 성장을 보살펴 주어야 한다. 유아의 성장과 잠재력 실현의 확장은 유아의 개인적 욕구와 접하는 부모의 통찰력과 지혜에 달려있다.

【 생각해 볼 문제 】

1. 게젤이 말하는 성장과 부모의 역할은 무엇입니까?

실존-현상학 이론

실존-현상학적 관점은 로저스(Rogers)의 중심개념인 자아개념(self-concept)을 통해 이해할 수 있다. 인간의 자아개념은 항상 변화하는 현상학적인 세계를 자신의 중심에 두는 자신에 대한 개념 또는 아이디어의 조직으로써 현상학적인 세계를 자신의 매순간마다의 실존으로 경험한다. 로저스에 의하면 개개인의 자아개념은 개인을 둘러싼 사건 또는 현상을 보고, 느끼고, 반응하고, 해결하는 방법이며 자기 자신이 생각하는 방식에 기초하여 받아들여질 때 의미가 있다. 개인은 자신의 경험으로부터 현상들의 세계에 대해 알게 되며 자신이 현상학적인 세계의 중심이 된다.

실존적 접근은 삶을 있는 그대로 느끼고 경험하는 모든 인간의 육체적, 정신적 능력 활용에 초점을 둔다. 개인의 매 순간 순간의 경험에 대한 강조는 유아 양육에 대한 바로 지금(here and now) 접근으로 이끈다. 유아 양육의 중요한 정보는 매순간마다 유아에 의해 인지되는 유용한 내적, 외적 사건들이다.[50]

알포트(Allport)는 실존-현상학자들에게 중요한 문제는 비사회화된 유아를 사회화된 어른으로 자라게 하는 과정을 설명하는 것이라고 보았다. 미성숙한 유아는 첫째, 자아실현(self-actualization)을 향한 단계로써 사랑, 안전, 수용을 필요로 하며 둘째, 유아의 필요를 채워주는 부모 또는 성인들에 대한 의존감이 있으나 유아 자신 안에 어려움을 극복하고 어른이 될 수 있는 잠재력도 가지고 있다. 만약 자유로운 선택이 주어지면 유아 자신이 다른 사람보다 자신에 대해

---

50) Allport, G. W. Becoming New Haven : Yale University Press, 1955

보다 더 잘 알고 있어 유아 자신의 성장에 가장 유익한 것을 선택하므로 유아에 대한 존경과 이해가 매우 중요하다. 유아가 자기 실현화 되는 잠재력을 지니고 있더라도 발전의 기회 즉, 사랑, 안정감 없이는 수용하기가 힘이 든다.[51]

부모로부터 사랑을 받음으로써 유아 자신도 스스로를 사랑스럽고, 가치 있는 존재로 바라보는 자아가 형성되기 시작한다. 사랑과 더불어 알포트에 의하면 유아는 안정감을 가질 때 가장 잘 발전한다. 초기에 안정감을 가진 유아들은 요구적인 만족(demanding gratification)의 습관을 포기하고 훗날 좌절적인 상황을 잘 대처하게 된다. 알포트는 유아의 사랑에 대한 요구, 수용, 안정감은 건강한 인간이 되는데 필요한 요인들이며 공격적인 행동은 이러한 요인들이 차단되었을 때 일어난다.

그러므로 긍정적 자아개념을 형성하기 위해서는 사회적 상호작용이 중요하다. 로저스(Rogers)는 유아가 자신의 행동에 대한 만족감과 부모로부터의 부정적인 평가를 받을 때 심리적인 결합을 형성하게 된다. 상황의 정확한 평가는 "부모님이 나의 행동을 용납하지 않는다." 이지만 유아는 "나는 이 행동이 만족스럽지 못하다."로 메시지를 왜곡한다. 이 결합은 비록 유아가 행동을 만족스러운 것으로 경험하지만 상징적으로 부모들의 메시지를 왜곡하고 마치 자신이 그 행동을 만족스럽지 못하게 경험한 것처럼 행동한다. 유아 자신의 긍정적인 감정을 평가절하 시키고 부모의 부정적인 감정을 가지므로 자신은 받아들여지지 않는다는 생각을 형성할 수 있다. 그러므로 사랑과 수용을 갖고 유아를 받아들임을 통해 의존에 대한 필요와 자유

---

51) Maslow, A. H. Toward a psuchology of being, Princeton, N. J ; Vam Nostrand, 1962.

를 허용하고 자율에 대한 필요를 충족시킴으로써 유아들은 자율적인 주장뿐만 아니라 정당하다고 인정하는 화냄과 자기 보호의 행위 등 감정조절을 배우게 된다.

실존주의적 이론은 하나님의 진리와 계시가 사람들, 그룹들 그리고 고유한 방법과 시간 속에서 새로운 의미를 도입하는 사건들간에 나타나는 방식을 지적한다.

하나님은 전통적인 방법에서와 마찬가지로 그 외의 가르치는 방법으로 새로운 인간성(Humanity)에 대해 개방적인 사람에게 오신다. 이론의 위험성은 학습에 대해 좁은 시야를 가질 수 있는 한계가 있다.[52]

【 생각해 볼 문제 】

1. 알포트(Allport)에 의한 사회화 과정은 무엇입니까?

2. 실존 - 현상학이론의 위험성은 무엇입니까?

---

52) 마빈테일러. 송광택역. op. cit P.97.

인지 발달 이론

대표적인 인지 발달론자인 삐아제(Piaget)는 유전적 발달에 영향을 미치는 환경의 영향 즉 유기체와 환경과의 관계는 유기체가 환경에서 살아남기 위해 취하는 행동같은 것으로, 본능적인 것으로 보았다. 그는 행동의 통합이 생존을 위해 지적으로 행동할 수 있는 인간의 능력을 구성했다고 믿었다. 그러므로 지능은 환경에 대하여 우리가 관계를 맺을 수 있는 모든 것들의 합이다.

삐아제는 인간이 갖고 있는 조직하는 능력은 본능적이라고 가정했고 개인이 환경에 적응하여 쉐마를 움직이는 것은 세상에 대한 정보를 조직하는 개인의 능력 기능으로 보았다. 그러므로 가능한 정보는 조직할 수 있는 방법이 많으면 많을수록 지적으로 행동하게 될 가능성은 더욱더 많아진다.[53]

유아기는 생물학적으로 미성숙한 유아가 물리적, 사회적 환경에 자기자신을 진보적인 변화된 방법으로 적용시키는 가장 중요한 시기이다. 유아의 신체적 성장은 그를 둘러싸고 있는 세계의 본질을 탐색하도록 이끌며 유아의 정신적 성장은 육체적 성장과 떼어놓을 수 없다. 삐아제에 의하면 지각과 지력은 유기체가 환경에 적응할 때 제공될 뿐이며 어떻게 제공되는가는 유아의 본성 이해가 근간을 이룬다.

삐아제가 말하는 환경과의 상호작용은 인지적 구조의 발달에 결정적이며 유아가 사용하는 인지구조는 어른과는 질적으로 다르다. 유아와 성인이 물리적으로 동일한 환경을 나눈다 하더라도 그들이 같은 방법으로 지각을 하는 것은 아니다. 예를 들면 멀리 있는 차를 보

---

53) J. Piaget, Piaget 이론입문, 강인언 역, 서울 : 학지사, 1995, pp.17-18.

앉을 때 유아는 그것을 장난감 차라고 하겠지만 성인은 보통 차라고 지각한다.

유아는 주변 환경을 탐색하면서 그가 발견한 것을 유사한 대상과 사건에 일치시키려고 시도한다. 만약 새로운 경험을 오래된 구조에 동화시킬 수 없으면 유아는 새로운 구조를 세움으로써 조절을 한다. 구조의 발달은 같은 나이의 유아들간에 유사하며 결과적으로 유아의 정신적 구조는 성인의 것과 유사하다. 삐아제의 이론에 의한 유아 양육에 있어 중요한 문제 중의 하나는 유아의 지능이 어떻게 발달하는가와 근본적인 관계가 있음에도 불구하고 많은 부모들은 유아의 특별한 기술이나 정보를 학습하는 데에 더 관심이 있다는 점이다.

삐아제와 그의 제자들이 제시한 유아양육의 원칙들에 의하면 부모들은 적절한 질문을 하는 것을 배우고 주어진 상황에서 여러 개의 가변적인 반응 중의 하나인 실수를 받아들이는 방법을 배워야 한다. 적절한 질문은 첫째, 유아들에게 결과를 탐색하도록 이끌고 둘째, 성인에 의해서보다는 유아자신이 스스로 해답을 찾게 하며 셋째, 유아의 지능을 향상시킬 수 있는 새로운 행동을 이끈다. 위킨스(Wickens)는 부모들은 유아의 노력에 대한 평가를 피하고 유아들이 자신의 일에 더 노력을 기울이도록 칭찬해 줄 것을 제안하였다.

듀크워스(Duckworth)는 유아들의 창조성이 중단되는 이유를 유아들의 질문을 중요하게 여기지 않고 사회적으로 당황스러운 것으로 느끼는 성인들에 의해 용기를 잃었기 때문에 유아 자신의 생각이 전혀 중요하지 않다고 느끼게 된다. 부모들은 자신들의 질문에 적합하다고 느껴지는 유아의 대답을 얻지 못하였을 때 당황하면 안 된다. 유아는 들은 말을 어법에 맞게 재생하지 못하며 받아들인 정보를 성인의 것보다는 자신의 논리에 의해 반응하기 때문이다. 따라서 듀크

워스(Duckworth)는 부모는 유아자신의 아이디어에 자신을 갖도록 해주는 것이 필요하다고 결론지었다.

⊙ 발달 단계에 따른 부모의 실제지도 주요 발달 단계 4단계(감각 운동기, 전 조작기, 구체적 조작기, 형식적 조작기) 중 유아기에 속하는 감각 운동기, 전 조작기 단계의 유아들을 위한 실제적인 지도를 제시한다.

1단계 : 감각 운동기(0-2세)

영아기 시기인 0-2세까지를 삐아제는 감각 운동기라고 하며 아기는 내부의 정신작용보다 환경 자극에 의해 행동한다고 보았다. 감각 운동시기 인지활동은 감각을 통한 직접 경험에 기초한다. 이 단계의 주요 지적활동은 감각과 환경과의 상호 연관이다. 유아는 신체와 그 처리에 대하여 알게 되며 물건에 손을 뻗어서 잡기, 손으로 움켜쥐기, 구르기, 서기, 앉기, 걷기, 그리고 말을 하게 된다. 유아가 할 수 있는 이 모든 신체적 행동을 다양한 형태로 시도해 보며 함께 협응시켜 보면서 정교화시켜 나간다. 유아의 이해는 자신의 신체로부터 시작해서 점차적으로 그들 주변세계로 확장된다.

발드윈(Baldwin)은 어린이 발달 이론에서 (1)보기, 듣기, 만지기, 맛보기, 냄새맡기 같은 오감을 통한 직접경험에 기초하여 얻은 정보를 협응하고 통합하는 능력, 즉 다양한 감각들로부터 얻은 정보는 서로 관계가 없는 사물보다는 같은 사물과 더 관련이 된다는 사실을 이해하기 위하여 오감을 통해 얻은 정보를 협응하고 통합하는 능력을 획득한다. 아기가 처음에는 자기가 들은 음악 소리와 탁자 위의 음악

상자를 연관시키지 못한다. 영아에게는 소리와 음악상자는 완전히 관계가 없는 환경의 두 측면이기 때문이다. 영아는 동일한 사물을 볼 수도 있고, 들을 수도 있으며, 또한 만질 수도 있음을 학습해야 한다.

(2) 외부 세계는 영속적으로 존재하는 장소이고, 그 실재가 아동의 지각에 따라 좌우되지 않는다는 것을 깨닫는 능력, 이 능력은 대상 연속성의 도식이다.

(3) 목표 지향적 행동을 할 수 있는 능력 즉, 만일 아기가 어떤 것을 원한다면 그것을 갖기 위하여 여러 가지 다른 행위를 수행할 수 있으며 심지어는 이전에 시도하지 않았던 새로운 행위를 구성할 수 있다. 그러나 이 기간 중의 행위는 매우 구체적이기 때문에 사전에 미리 계획하는 능력은 제한되어 있다[54]고 했다.

위의 능력 중 영속적인 대상에 대한 도식은 감각 운동기의 가장 중요한 획득이다. 끝없는 시각적 추적으로부터 해방되고 알아차리고 물체를 따르는 것이 인지의 첫 번째 단계이다. 물체의 영속성 획득은 기억의 시작이라고 할 수 있다. 마음 속에 없어진 물체의 그림을 기억하는 것으로 물체를 보여주고, 숨겼다가 보여주는 것이 지능 발달에 중요한 역할을 한다.[55]

아기의 내적 요구는 자신이 위치한 환경에서 자신의 반사행동 유형을 연습함으로써 충족되는 것으로 볼 수 있다. 환경 속의 특수한 조건들은 이러한 유형을 수정하게 한다. 그는 단순한 식별을 하고, 초보적인 방법으로 자신의 분리 행동을 협응한다. 유아와 자신의 주위 환경과의 이러한 상호작용의 결과는 새로운 유형이나 적응을 습

---

54) Baldwin, A. Theories of Child Development, New York : Wiley, 1986. 17f
55) J. Piaget, Op. Cit. p.18.

득하게 한다. 18개월에서 2세의 유아는 직접 관찰할 수 없는 대상과 사실에 대해서 반응하거나 생각할 수 있으며 상상 활동을 통해서 목적을 달성하는 새로운 수단을 발견할 수 있다. 이것이 곧 지적 결합이다.

대상을 머리 속에 떠올릴 수 있고, 머리 속에서 경험해 보지 못한 새로운 수단을 생각해 낼 수 있다.

2단계 : 전 조작기 시기(2-7세)

삐아제는 기억이란 단순히 저장되었다가 인출시키는 경험의 복사가 아니라 능동적인 과정으로서 처음의 경험이 회상되기 전에 많은 변형을 겪게 된다고 설명한다. 그러므로 연령이 증가함에 따라 과거 경험의 단순한 기억은 보다 성숙된 정신적 조작 수준에 따라 재구성됨으로써 기억의 개선이 이루어진다. 어린이는 더이상 즉각적 감각 환경과 결합되지 않는다. 이 시기의 어린이는 전 단계에서 약간의 정신적 상이 시작됐고 이제는 도약과 결합에 의해 능력을 확장한다.

이 시기에 유아는 오직 눈에 보이는 외관을 통해서만 사물을 판단한다. 피아제는 유명한 보존 개념의 실험을 통해 이러한 사실을 보여주었는데 한 컵의 물을 모양이 서로 다른 두개의 컵에 옮겨 부었을 때 그 양은 변함이 없다는 사실을 알아차리지 못한다. 즉 이 시기 유아는 사물의 내재적인 연관성이나 규칙, 조작 등을 이해하지 못하는 것이다. 또한 이 시기는 자기 중심성(egocentrism)이 강해서 다른 사람도 자기처럼 생각하리라 믿고 있으며, 전후의 일어난 일만 알지 과정을 이해하지 못하고 논리적 비약을 하는 경우가 많다.

이 시기는 현저한 언어 발달, 표상 작용을 보이며, 구체적 기능을 나타내고 사회적인 유회에 참가한다. 단어를 이해하고 사용하는 능력을 포함해서 어휘력 발달은 특별히 주목할 만하다. 평균 2세아는 20-30단어 사이를 이해하는 반면 5세아는 2000단어를 이해한다. 즉 1000%가 증가한다. 2세아는 1-2단어의 문장을 말하지만 1년후에는 8-10개 단어의 문장을 말하는 것이 일반적이고 문장 그 자체가 문법적으로 정확하다. 유아가 최대한 언어를 배울 준비가 되어 있는 이 시기에 성인들은 유아에게 이야기를 많이 하고, 읽어 주고, 노래나 유아 리듬을 가르쳐 준다. 즉 유아와 언어 소통하는데 몸짓이나 눈짓이 아닌 언어를 사용하는 것이 언어 발달에 중요하다. 이 시기에 주된 학습 형태는 직관적이다. 직접 가르치는 것보다 자유로이 연합할 수 있도록 다양한 물체를 제공한다. 예를 들어보면 보존 개념의 원리를 발견하도록 돕기 위해 귤을 아이에게 보여주면서 이것은 무엇이지? 무슨 색깔이지? 이것으로 무엇을 할 수 있지? 모양은 어떠하니? 등을 물어 본다.

아이에게 귤을 만져 보게 하고 사물의 여러 속성을 묘사하는 말을 해준다. 많은 사물을 가지고 연습함으로써 아이는 대상을 이해하게 되고 후에 분류 개념을 형성할 수 있다.[56]

이 시기의 정신 구조는 직관적이고 기분대로 행동하며 상상력이 높다. 그러므로 논리적인 것보다는 직관적 자유 연합이 이루어질 수 있는 창조적 작업, 문제 해결이 중요하다. 이 시기의 유아는 꿈과 사실을 쉽게 구별할 수 있지만 사실로부터 가정을 떼어 생각할 수 없다. 예를 들어 5세아는 꿈을 침대에서 일어난 무엇으로 생각하지만

---

56) Sprinthall, R. C. & Sprinthall, R. A. Educational Psychology A Developmental Approach, Addison-wesley Publishing co, 1974, pp.105-107.

9세아는 꿈을 그들 머릿속에 정신적인 상으로 기술한다. 직관력은 실제에 의해 부과된 구속을 탈피하도록 한다. 발명가, 예술가의 사고는 직관력에서 나온다.[57]

이 기간 동안에 유아 자신이 무엇을 어떻게 할 수 있는가에 대한 이해를 증진시키기 위해서 부모는 형태, 공간, 시각 관계에 관하여 알 수 있는 많은 기회를 주어야 한다. 즉 부모들은 유아가 정상적인 환경에서 자유롭게 여러 사물과 상호 작용할 수 있는 기회를 제공해야 한다.

기어오르기, 넘어가기, 장애물을 돌아가기, 낮은 판자 위를 기거나 걷는 것 등은 균형과 평면을 알 수 있는 기회를 주며 걷다가 균형을 잃고 다시 균형을 되찾음으로써 유아는 자신을 공간에 위치하는 방법을 알게 된다. 이런 종류의 수많은 기회를 통해서 유아는 감각 운동기의 지능을 발달시킨다. 삐아제가 구분한 전 조작기 유아의 특성을 종합해 보면 전 종교기의 단계이다. 그의 사고와 언어경험의 범위 전체가 통합되어 추상적인 사고의 종교심이 발생되어지는 데는 자기 중심성을 위시한 사고의 미분화 및 사물과 사건의 중심화 하는 경향, 경험의 부족, 자기독백 등 이 모두가 전 종교적인 단계임을 입증한다. 즉 전 조작기 아동의 사고가 비논리적이며 비가역적이므로 자신의 잘못을 인정할 줄 모르는 상태가 자신에 집착된 비사회성 때문에 종교적인 결단은 물론 종교의 개념 이해와는 상관이 없는 상태로 일관하게 된다는 것이다. 그러나 이 단계말에 유아는 또한 자기 중심적인 경향이 쇠퇴해지고, 다른 사람의 견해를 받아들일 수 있게 되며

---

57) Piaget, Science of Education and the psychology of the child, New York, Viking, 1970, pp.30-34

사고적인 말을 하게 된다. 불변의 원리를 이해하는 능력이 발전되며, 또 분산된 사고를 할 수 있으므로 어느 물체를 일방적으로만 생각하는 것이 아니라 다양한 차원에서 생각하게 된다. 사물을 여러 기준으로 분류하고 개념을 형성할 능력이 발전되므로 전 종교적 단계로 기독교 교육의 아무런 결과를 기대할 수 없다고 등한시 하지 말고 기독교적 기초를 세우기 위한 경험들을 많이 제공하도록 한다. 부모는 현실적인 사물이나 자연사건을 통한 풍부한 경험을 불러 일으켜 주되 기독교적인 개념이 형성되도록 지도한다. "유아에게서 감성적인 행동의 경험은 곧 사고에 영향을 주며 특별히 개념 형성에 영향을 준다. 인간은 자신의 경험들의 분류에 의해서 긍정적이고 부정적인 감정의 구조화로 굳어진다. 곧 하나의 태도는 개개인의 어떤 양면적인 이해 관계에 의해서 동기적이고 감정적이며 지각적이고 인식적인 과정들의 지속 안에서 조직화 된다고 정의 할 수가 있다. 곧 신앙도 개개인의 세계의 어떤 관점에 따른 지각과 인식들의 지속되는 조직화에 의해서 이룩되어지기 때문이다.[58]

---

58) R. Goldman, Religious Thinking from Childhood to Adolescence(New York : The Seabury press, 1965), p.31.

【 생각해 볼 문제 】

1. 감각 운동기의 특징과 실제적 지도 방안은 무엇입니까?

2. 전 조작기의 특징과 실제적 지도 방안은 무엇입니까?

3. 전 조작기의 기독교적 기초를 어떻게 세워주어야 합니까?

행동주의 이론

스키너(Skinner)에 의하면 인간의 행동은 주어진 행동에 영향을 미치는 어떤 조건들을 변화시킴에 따라 행동이 존재하는 방법을 통제할 수 있다. 부모들은 안내하고, 명령하고, 유아의 행동을 통제함으로써 유아를 사회화 시키는 역할을 할 수 있듯이 조작적 조건화 원칙의 이해는 부모가 아이들을 지도하는데 도움이 될 수 있다.[59]

행동 주의자들은 유아는 유전적 특성들에 의해 독특한 개인적인 방식으로 행동을 하도록 이끈다고 생각한다. 유아는 후속적인 강화에 의해 행동의 패턴이 발달하기 시작하며 아동이 경험하게 되는 우연성은 특히 부모, 교사, 동료들에 의해 배열된다. 강화의 지속에 의해 유아는 기술, 지식, 그가 속한 문화의 부분을 형성하는 태도 등을 배우게 된다.

유아가 환경에서 당면하게 되는 우연성의 중요한 부분은 자신의 몸이며 유아의 신체는 유아와 함께 머물고 날마다 같은 관계를 지속하는 환경의 일부이다. 유아가 나(me)와 나가 아닌 것(not me)을 깨닫게 되는 것은 날마다 교환(exchange)을 통해서이며 이를 통해 동일시(identity)를 발달시킨다.

유아의 어휘력, 숫자를 사용하는 능력, 복잡한 게임을 하는 능력은 스키너에 의하면 유아의 발달적 연령 때문이 아니라 가족과 지역 사회가 준 우연성 때문이다. 발달적 단계는 두 번째 단계에 대한 강화가 첫 번째 단계를 포함한 강화를 기초로 하기 때문이다. 주어진 환경에서 유아는 발달적 연속성 안의 개념을 요구할지도 모르나 순서

---

[59] Skinner, B. F. Science and human Behavior, New York : Free Press, 1953.

는 주어진 우연성의 통제하에 이루어지고 변화되며 행동은 그것을 유발하고 지속하게 하는 우연성의 기능이다.[60]

스키너의 행동에 대한 설명으로 성장의 개념에 대한 첫 번째 논의는 목표를 도달하는데 필요한 과정에 대해 이해시키지 않고 최종 상태를 강조하는 점이다. 유아가 성숙을 향해 성장하느냐 혹은 성숙에 도달하기 위해 성장하느냐에 대해 단지 그 결과만을 가르칠 뿐 그 결과에 대한 과정은 설명하지 않는다.

부모는 유아 세계의 중요한 부분이다. 벌에서 강화로 옮겨 준다면 특히 더하다. 다른 사람들에게 강화를 주는 부모는 일반화된 강화자가 된다. 긍정적 강화는 유아에게 행동을 사랑하는 것으로 보여진다. 긍정적 강화의 증가는 부모와 유아의 애정을 증가시키는 것으로 보여질 것이다. 그러나 행동 주의자들에 의하면 만약 부모가 유아의 행동을 변화시키길 원한다면 부모는 유아의 환경을 변화시켜야 한다. 그리고 부모가 유아 환경의 가장 중요한 요인이므로 그들 자신의 행동을 변화시켜야 한다.[61]

벌(punishment)

왜 아직도 부모가 벌을 사용하고 있는가는 부모의 행동에 대한 벌받는 아동의 기능적 관계에서 설명될 수 있다. 벌받는 행동은 강화된다. 부모가 판단하기에 옳지 않은 행동에 대해 벌을 받을 때 아이는 순간적으로 그 행동을 멈춘다. 아이의 행동 중단은 부모에 대한 중단

---

60) Skinner B. F. Beyond Feddom and dignity. New York : Knoff. 1971.
61) 김미경, op. cit. pp. 171-173

에 의한 것이며 부정적 강화의 철회는 보상이 된다. 결과적으로 다음에 유아는 부모를 귀찮게 하는 행동을 하게 되고 부모는 벌을 줄 확률이 더 높아진다.

스키너(1971)는 유아 양육 기법에 있어서 벌에 대해 크게 반대했다. 비록 벌이 반응을 제거하는데 있어 가장 효율적인 기법이라고 하더라도 그것은 너무 위험한 대가를 지불한다. 벌을 사용하게 되면 벌 받는 유아와 벌을 주는 부모 사이가 멀어지게 된다. 잦은 벌로 인해 가장 친밀해야 할 관계가 파괴될 수도 있다.

벌로 초래되는 행동은 벌로 보상을 받기 때문에 반응을 약화시킨다. 만약 유아가 아버지가 엉덩이 때리는 것을 피해 도망을 친다면 유아는 도망치는 것으로 부정적으로 강화된다. 스키너는 벌에서 사용되는 혐오 자극의 첫 번째 효과는 그 순간 즉시의 상황에 한정되며 그 다음 상황에는 어떤 변화도 뒤따르지 않는다.

행동에 대한 벌이 강화되었을 때 유아는 극도의 불안, 초조 등이 일어날 수 있으며 분노나 좌절은 실제적이거나 상상적인 억제로부터 연유한다. 도망, 회피, 반공격성은 벌주는 상황이나 자극에 대한 가장 보편적인 반응이다.

알친(Arzin)과 홀츠(Holz)는 회피와 반공격성은 가족의 사회적 관계를 파괴한다고 지적하였다.

스키너는 만약 유아가 죄책감이나 다른 회피기법을 통해 자신을 벌한다면 유아 자신이 정상적인 방법으로 회피할 수 없다고 느낀다. 이것은 정신신체증(Psychosomatic) 질병의 한 부분으로 유아의 일상적인 효율적 행동을 방해할 것이다.

소개

벌에 대한 대안은 소거로서 행동에 대해 어떤 강화도 보이지 않는 것이다. 유아의 바람직하지 못한 행동을 소거하기 위해 부모는 유아가 그 행동을 할 때마다 완전히 무시하고 그 행동을 하지 않으면 관심을 보이고 바람직한 행동에 대해 인정을 해주면 시간이 흐르면서 자연히 바람직하지 못한 행동은 사라지게 된다.

조건화

유아의 바람직하지 못한 행동에 대한 세 번째 가능한 방법은 조건화하는 것으로 긍정적인 강화에 의한다. 상반되는 행동을 강화하는 과정은 다음과 같은 이점을 준다. 첫째, 바람직하지 않은 행동을 방지하며 둘째, 부모와 자녀의 관계가 개선되며, 셋째, 부모는 유아에게 새롭고 보다 사회적으로 유용한 행동을 가르친다. 어떤 경우에는 바람직하지 않은 행동은 포만 원리를 사용하며 유아가 싫증을 낼 때까지 강화없이 그 행동을 하도록 요구한다. 넷째, 유아에게 더 바람직한 자아상을 심어 준다. 만약 유아가 유아 자신을 묘사하는 긍정적인 말을 듣게 되면 긍정적인 자아상을 확립하게 될 것이며 내적으로 동기화 되는 것을 배운다.

【 생각해 볼 문제 】

1. 스키너(Skinner)에 의한 성장의 개념은 무엇입니까?
2. 벌의 부정적 결과는 무엇입니까?
3. 소거와 조건화는 무엇입니까?

도덕성 발달 이론

콜버그(Kohlberg)는 도덕성 발달은 일련의 발달적 단계를 나타낸 다고 하였다. 콜버그는 피험자가 도덕 문제를 다루는 사고방식을 통해 단계를 나누었다.[62]

예를 들어 유럽에서 암으로 인해 죽음에 이르는 부인을 둔 남편인 하인즈는 부인의 병을 살릴 수 있는 약을 최근에 발견한 약사에게 약을 사러 갔는데 약값은 엄청 비쌌다. 남편은 돈을 백방으로 구하였으나 약값의 절반인 1000달러밖에 구하지 못하였다. 그는 약사에게 부인이 죽게 되었으니 약을 싸게 팔거나 나중에 돈을 지불하겠다고 하였으나 거절당하였다. 남편인 하인즈는 어쩔 수 없이 부인을 위해 약을 훔치려고 약사의 집을 침입하였다. 하인즈는 그렇게 해야만 했었을까?

복종과 처벌의 단계인 1단계에 유아는 물리적이고 물질적인 힘에 기초를 둔다.

1단계의 복종은 윗사람의 가혹한 처벌을 피하려고 하는 욕망에 기초를 둔다. 상, 벌에 대해 힘과 권력 있는 사람에게 무조건 복종하는 단계로써 복종과 도덕 결정은 신체와 물리적 힘에 의한다. 도덕적 가치나 외부적 승인의 분별이 불가능하며 규범을 강요하는 물리적 힘은 옳은 것이다. 그러므로 벌을 피하고 보상을 원하는 것만이 개인에게 가치 있고 벌과 권위에 의해 유리되는 기초적인 도덕, 질서의 존중에

---

62) Kohlberg, L. The cognitive development approach to moral education. Phi Delta Kappan, 56, pp.670-677.

가치를 두지 못하는 주관화의 단계이다. 큰 물고기는 작은 물고기를 먹는다. 이것은 살기 위한 것이다. 예를 들어 사람이 물에 빠졌을 때 한사람 또는 여러 사람을 구해야 하는가 질문에 여러 사람은 집을 여러채 가지고 있으므로 구해야 한다는 물리적인 면에 가치를 둔 판단을 한다. 조사 결과 미국 어린이보다 한국 어린이가 더 물질적인 것에 반응하는 것으로 밝혀졌는데 이는 경제적인 면에 많은 신경을 쓰다 보니 아이의 양심적 사고에 대해 소홀하였음을 알 수 있다.

2단계의 행동은 자신의 욕구를 만족시키기 위한 것에 기초하거나 다른 사람에 대해 살피는 것이다. 욕구를 교환하고 교역하는 방법을 이해한다. 바른 행위란 자신의 욕구를 만족시키고 때로는 다른 사람의 요구도 만족시키는 상대화의 행위이다. '당신이 나의 등을 긁어 주면 나도 당신의 등을 긁어 주겠다.' 예를 들어 어떤 사람이 차도둑으로 잡혔는데 처벌은 차값이 얼마나 나가느냐에 따라 결정되어진다.

또한 이 단계에 도달한 아동은 행동의 이면에 놓여 있는 행위자의 의도를 고려하여 행동의 선악을 판단한다. 5-8세 사이에 아동의 고정 개념이 변화하기 시작한다. 이때 부모에 의해서 학습된 선악에 대한 엄격하고 고정된 관념은 점차로 수정되어 간다. 그 결과 아동은 도덕적 위반 사태가 발생했을 때, 그 당시의 구체적인 상황을 고려하기 시작한다.

3단계는 좋은 아이라는 개념에 얽매이는 시기이다. 이 단계의 사람들은 무엇이 좋은지, 좋은 아이, 착한 아이로 칭찬 받는 것, 타인을 즐겁게 하기 위한 도덕적 판단을 한다. 자기 자신보다는 주변을 생각하며 좋은 행동에 대한 전형적인 모형이 있어 체면이라든지 다른 사람의 의견에 대해 많이 얽매이는 시기이다.

　예를 들어 3단계에서는 하인즈의 행동이 잘못되었다고 판단할 것이다. 그 이유는 훔치는 것은 나쁜 행동이기 때문이다. 착한 소년, 소녀는 훔치는 일을 하지 않는다. 3단계의 도덕적 사고는 상대성과 복잡성이 결핍되어 있다. 3단계의 행동 양식은 우리가 살고 있는 사회의 관습에 의해 고정되어진다.

　4단계의 도덕성은 법과 질서를 따른다. 도덕적 판단은 고정되고 모든 사람이 의심의 여지없이 복종하는 책임감의 규율에 근거한다. 그는 훔쳐서는 안 된다. 법은 우리들의 책임을 정하고 도둑질을 금하고 있다.[63] 3단계처럼 사람들은 다소 표면적인 사회적 관습이나 법과 규율을 따른다. 4단계의 도덕적 행동은 정적이고 변하지 않으며 그것은 우리의 복종할 책임으로 우리가 무정부상태가 되지 않기 위해 필요한 책임임을 가정한다.

　5,6단계는 콜버그의 주장에 의하면, 각 개인은 도덕 발달의 가장 높은 단계에 있을 때 사회적인 계약(5단계) 또는 정의와 같은 보편적 중요성(6단계)에 따라 행동한다. 도덕적인 생각과 판단은 복잡하고 포괄적이다. 일반적으로 중요한 것을 이끌어 내기 위해 여러 견해들이 고려되었고, 각각의 입장들이 신중히 검토되어 진다. 5,6단계의 반응은 보편적인 원칙에 대한 하인즈의 행동에 관심을 갖는다. 어떻게 생명의 가치를 재물의 가치로 비유할 수 있는가? 모든 사람이 가지고 있는 권리란 무엇일까? 또한 무엇이 법을 바꿀 수 있는 조건

---

63) 박아청, 현대의 교육심리학, 서울 : 학문사, 1955, p.244.

이 되는가? 약사에게 이익을 주는 법은 나쁜 법인가? 만약 그렇다면 그 법은 정당한가? 또는 그것은 합리적인가? 이것들이 5단계의 필수적인 고려 사항이다.

5단계는 사회계약적 중심 단계로 아직까지도 법적인 것이라든지, 심리적인 면을 강하게 강조하기는 하지만 사회 공리와 연결지어 합리적으로 법을 바꿀 수 있다고 생각되는 단계, 즉 법이라는 것은 인간을 위해 있는 것이므로 인간 위에 있는 것이 아니라고 생각한다.

6단계에서는 법체계에만 의존되어 있지 않으며 불문적이고 도덕적이며 보편적인 원칙에 근거한다. 6단계의 원칙은 모든 사회계층과 문화를 넘어 적용된다. 따라서 이 단계의 결정은 보편 법칙에 근거하여 결정되어지거나 기록되지 않은 보다 높은 법에 근거한다. 그러나 그 원칙은 암시적이다. 인생, 평등, 위험에 대한 가치로서 일반 원칙과 규칙 뒤에 숨어 있는 이유뿐만 아니라 그 상황과 환경을 고려해야 한다.
하인즈에 대한 6단계의 답변은 하인즈가 약을 훔치는 것이 정당하다고 한다. 이유는 인간 생명의 가치는 재물의 가치보다 위대하다는 보편적 원칙 때문이다. 동시에 하인즈는 도둑질에 대한 법적인 형벌을 기꺼이 감수해야 한다.

콜버그(Kohlberg)의 도덕 교육론은 보다 구체적으로는 도덕적 판단의 발달 단계에 맞는 어린이를 소집단으로 편성하여, 도덕적 가치 갈등을 포함한 문제에 대한 토론을 행함으로서 보다 하위 발달 단계에 있는 학생이 상위 단계로 이행을 촉진하고자 하는 것이다. 그 토론은 판단의 결과보다 이유에 중점을 둔다. 또한 부모의 도덕적인 즉, 도덕적 노력을 기초로 하여 그 분위기를 높이는 것이 필요하다. '정의를 가르치기 위해서는 공정한 가정이 필요하다.'

도덕성 발달에는 제한이 있다. 우리는 심리학적 뼈대를 무시하고 성장을 촉진시킬 수 없다. 도덕교육을 특별한 집중 교육으로 실시하여도 9세아를 6단계의 도덕성을 지닌 사람으로 변화시킬 수 없다. 그렇다면 도덕성 발달이 내부적으로 일어나기를 기다리는 것 외에 아무것도 할 수 없는 것인가? 대부분의 성인들이 인지 발달의 주요 네 단계를 성공적으로 통과하나 도덕성 발달에는 많은 수가 3,4단계에 도달하지 못하고 5,6단계에 이르는 사람은 소수이다. '우리 아이에게 지금보다 도덕적 수준을 높일 수 있게 교육할 수 있나?' 란 질문을 스스로 하지 않으면 불이행으로 인해 교육에 실패할 것이다.

자녀를 가정에서 교육할 때 상과 벌의 수단만을 사용한다면 일시적으로 조용하고 순응적인 행동을 하도록 할지는 모르나 장기간 긍정적 효과를 거두지 못한다는 것이 밝혀졌다. 정직, 자기 통제, 순종, 열정, 개방성 등은 결코 강압에 의해 발전하지 않는다. 강제로 고분고분하게 하는 것이 자녀의 인격이나 도덕 발달에 오랜 기간 효과를 주지 못한다. 도덕 발달은 첫째, 상호작용 즉 아이와 부모 사이의 상호작용에 의해 결정된다. 둘째, 도덕 발달은 관계성이다. 도덕 발달은 일련의 심리적 단계에 따라 나아간다. 콜버그는 도덕 발달은 문화의 차이 뿐 아니라 한 문화 내에서의 계급, 종교 내에서도 같다는 것을 명확히 증명했다. 도덕적 성숙은 개인적 경험의 중요한 책임감에 의해 영향을 받는다. 아이의 도덕적 판단은 그들 자신의 단계나 한 단계 위를 이해한다고 한다. 사람은 하나의 주된 단계 안에서 작용되나 그 다음의 윗 단계로부터 많은 요소들을 구체화시키므로 자신의 단계보다 한 단계 위의 판단을 이해하는 것을 가능하게 한다.

아이의 발달 단계에 맞는 수준의 토론이 필요하다. 특히 가정에서 도덕적 딜레마에 대한 논의를 하도록 한다. 신문의 머릿기사, 매일의 사건들, 대중적인 도덕적 논쟁들, 영화나 책에 나온 사건들을 이용한다. 예를 들어 사형은 폐지되어야 하는가? 도덕적 판단과 성장은 훈련의 문제들이 아닌 교육상의 문제들이다. 정직, 순종과 같은 정적인 특성에 피상적인 훈계로써 성격을 형성하도록 시도하는 것보다 부모는 아이의 발달 단계에 적합한 경험과 토론들을 제공할 수 있다.

현재 도덕교육에서 자유로운 토의를 통해 도덕적 진보를 이루고자 하는 접근 방법은 크게 두 부류로 나눌 수 있다. 첫째는 인지 발달적 입장으로서, 이 접근 방법은 먼저 아동에게 가설적 갈등 상황을 제시한 후 그 해결 방안에 대한 자유로운 토의를 통해 도덕적 판단의 진보를 유도하는데 그 목적이 있다. 둘째는 성숙주의 입장에서의 가치 명료화 과정으로서 이 방법은 상황에 대한 여러 사람의 다양한 생각을 들어보고 그 생각들에 가치를 부여함으로써 모든 사람은 그 나름대로의 도덕관을 가진다는 것을 이해하는데 의의를 둔다.

콜버그(Kohlberg)와 셀만(Selman)은 좋은 가설적 갈등 상황의 조건을 다음과 같이 설명하고 있다.

첫째, 유아들에게 친근한 또래의 어린이나 동물이 등장하며 유아들의 흥미를 유발해야 한다.

둘째, 반드시 갈등을 유발하는 두 가지 이상의 선이 존재하며 이 갈등은 유아들의 도덕 수준에 적합하여야 한다.

---

64) 김성준, 가설적 갈등 상황의 토의가 유아의 도덕적 추론 발달에 미치는 영향-분배 정의 추론을 중심으로-이화 여자 대학교 대학원 박사 학위 청구 논문, 1933, pp.35-37.

셋째, 이야기 중에 사건이나 등장 인물의 대화를 통해 다양한 수준의 추론이 제시되도록 한다.[64]

딘(Dean)은 도덕적 방법으로 행동할 수 있는 능력의 구성 요소를 첫째, 다른 사람들과 동일시 할 수 있는 능력. 둘째, 자신과 타인의 감정을 통찰하며 정확하게 그것들을 묘사할 수 있는 능력과 자신을 보는 능력. 셋째, 하나의 상황 속에서 관련된 사건들에 대한 숙지. 넷째, 행동에 대한 일반적 규범에서 합리적인 공식. 다섯째, 한 개인의 삶과 관심을 위한 합리적인 공식. 여섯째, 이런 규범들을 행동으로 옮길 수 있는 능력[65]이는 기독교 신앙이 주어진 도덕적 구성 요소들을 보증하고 뒷받침해 주어서 도덕적 행동을 향한 의지를 강화하는 한편 사랑으로서 모든 행위를 보고 또 앞으로 나아가야만 할 것임을 제안하고 있다.

【 생각해 볼 문제 】

1. 콜버그의 도덕성 발달 단계 중 1단계와 2단계를 설명하시오

2. 도덕성 발달을 위한 바람직한 도덕교육은 무엇입니까?

---

65) Dean, J. 아동 발달과 기독교 교육. 이정기 역. 서울 : 보이스사. 1980.

신앙 발달 이론

골드만(Goldman)의 신앙 발달

삐아제의 구조주의적 관점에서 종교적 관점을 분석한 골드만은 어린아이들의 사고는 여러 단계를 거쳐 발전한다는 것을 발견했다.

가장 초기 단계, 조작적 단계 혹은 직관적 단계에서 어린아이는 단 하나의 개념을 동일시간에 알맞게 다룰 수 있으며 또 하나의 개념을 다른 것과 관련을 짓는데 있어서는 성인들이 취하는 방법과는 매우 다르다는 것을 알게 되었다.

'왜 모세는 하나님 바라보기를 두려워했는가?' 라는 질문에 아이는 '하나님은 이상한 얼굴을 갖고 있기 때문에' 다른 아이는 '하나님께 공손하게 말하지 않았기 때문에' 라고 대답했다. 어린이는 신앙에 대해 이지적으로 아는 것(comprehend)보다는 더욱 감성적으로 안다(apprehend)는 말이다. 그는 아이의 이해력은 경험으로부터 천천히 발달하며 부정확한 이해가 고착화되면 훗날 부정적인 효과를 가질 것이라고 하였다.[66]

그는 성경을 '이스라엘 민족이 계시와 경험을 통해 하나님과 만난 것을 기록한 많은 제자들의 영감된 문학집' 이라고 말했다. 그가 믿고 있는 이러한 근본적인 신 전통적(neo-orthodox)인식으로 인해 교육자들은 어린이들의 신학 세계를 다듬어 가야하고 어린이들의 종교 교육의 주된 임무는 미숙한 신의 개념과 신체적 신인동형설을 길러 주는 것이라고 말한다. 이것은 '어린이들의 경험과 능력의 한계가 미

---

66) 박원호, 신앙의 발달과 기독교 교육, 1996.

치는 한 그들의 미숙한 종교적 사고를 고상하게 다듬는 방법으로 할 수 있는 것'이라고 말했다. 그는 '너무 어릴 때 성경을 가르치지 말라' 5-9세 때는 영향을 끼치되 가르치지 말아야 하며 본질적으로 개념화되지 않은 종교적 어휘들을 습득하지 못하게 해야 한다. 자연을 아끼게 하고 우리들에게 도움을 주는 가정과 사람들에 대한 주제에 초점을 맞추는 것이 이 시기의 기본적인 종교적 경험이 되는 정서적 체제를 만드는데 도움이 될 것이다.

유아기에 속하는 1단계 직관적 종교적 사고기(정신연령 7-8세)에 유아는 하나님에 대해 신인동형론적인 사고를 하며 나쁜 행동에 대하여 벌을 주는 존재이며, 동시에 친구라는 개념을 갖고 있다. 또한 하나님은 주로 하늘에 있으나 필요에 따라 신체와 음성을 가지고 이 땅에 와서 일한다고 생각하기도 한다.

골드만에 의하면 유아기 아동들이 이해하고 있는 하나님의 개념은 자기 중심적이며 비논리적인 것이기 때문에 너무 일찍 추상적인 개념들을 주입시키는 것이 좋지 않다고 주장한다.

이 시기의 종교 교육은 성경 내용을 중심으로 한 교육보다는 어린이의 지적, 정서적 요구가 초점이 되는 아동을 위한 아동 중심의 교육이 되어야 하며, 종교적 경험의 기반이 될 수 있는 일반 경험을 넓히는 일상 생활에서 부딪히는 사실적, 정서적, 직관적, 예술적 사고와 활동을 통하여 간접적으로 종교 교육을 하는 것이 적합하다고 한다. 이 시기는 인생에 있어서 신앙이 무엇인지를 배우기 시작하는 때이므로 하나님과의 개인적인 관계를 느끼고 자연스럽게 하나님과 대화하도록 하는 것이 좋다. 그러나 하나님의 무한성을 이해하지 못하므로 어린이가 이해 못하는 결정을 강요하지 말아야 한다. 그리스도를 영접할 준비가 되어 있을 때에는 주님께 인도하여 그리스도인으로 성장하도록 도와야 한다. 이 시기에는 죽음이나 천국에 대한 호기심을 갖고 있으며 선해지고 싶어한다. 죽음이란 무서운 것으로 강조하지 말고 선한 행동을 격려해 주는 것이 좋다. 또한 하나님이 원치 않는 행동을 했을 때에는 심하게 공포감을 갖고 불안에 떨기도 하므로 징계의 하나님보다는 사랑과 용서의 하나님에 대해 이야기를 해 주고 벌을 강조하지 않는 것이 좋다. 따라서 골드만은 이 시기에 추상적인 종교 개념을 너무 일찍이, 너무 많이, 그리고 너무 자주 어린이에게 소개하는 것은 오히려 종교적 사고 발달을 저해하는 것이 된다고 하였다.

파울러(Fowler)의 신앙 발달 이론

발달이란 용어를 신학의 영역에 사용하기 시작한 제임스 파울러(James Fowler)는 신앙의 현상을 '발달 심리학적' 관점에서 바라보고 '신앙의 발달 단계'라는 표현을 사용하였다. 그는 신앙을 무엇에 관한 신조로 정의하는 것이 아니라 무엇을 신봉하는 고전적인 신앙 이해로 활용하고 있다. 그는 그것을 가리켜 신앙하는 것 그리고 신앙을 알아 가고 해석하는 것이라고 하였다. 삐아제의 인지 발달 단계와 더불어 신앙 발달과의 관계를 제시하였는데 그 가운데 유아기에 해당되는 단계만 살펴보겠다.

미분화된 신앙 단계(0-2세) : 감각 운동기

영아는 아직 생각하는 능력이나 언어능력이 발달되어 있지 않으며 대신 감각이나 운동기관들을 사용해서 환경과 관계한다고 주장한다.

따라서 파울러는 에릭슨의 이론을 사용해서 신뢰와 불신, 희망과 절망, 용기와 두려움과 같은 정서적이고 인격적인 면에 강조점을 두고 있다.

파울러는 영아는 이 시기를 통하여 갖게 되는 어머니와 유아간의 친밀성이 신뢰의 감정을 형성하고, 또한 상호관계감을 발전시킬 뿐 아니라 성숙한 신앙의 바탕이 이루어진다고 믿고 있다.[67]

소위 유아적, 미분화적 신앙으로 불려지는 이전 단계에서는 신뢰와 용기, 희망, 그리고 사랑의 씨앗들이 미분화된 모양으로 융합되며 유아의 환경에서 포기와 모순, 박탈 등의 감각적 위협과 상호 항쟁을 한다. 이 단계에서 아동이 경험하는 상호 관계성의 질과 신뢰의 강도 및 자율성과 희망, 용기의 강도등이 이후에 나타나는 신앙 발달에 기초가 된다.

이러한 요소들은 신앙이라고 하기보다는 오히려 신앙의 기초를 형성하는 덕목들로서 감정에 의한 지식에 기초하고 있다.

아기의 영적 양육에 대한 계획은 부모 자신의 영적 성숙과 안녕에 기저를 둔다. 간단한 기도나 찬송같은 신앙적 의식을 보여주고 따라하게 한다. 기도가 안정을 주고 찬송가가 즐거움을 준으로써 부모와 아이와 하나님 사이의 유대를 깊게 해준다. 0-2세 유아는 행동의 옳고 그름에 대한 도덕적 판단 의식이 없으므로 야단을 치기보다는 융통성 있는 대안을 제시하거나 주의를 전환시키는 방법을 사용할 수 있으나 침을 뱉거나, 남을 때리거나 무는 행위, 밀치는 행위 등은 하지 못하도록 엄한 표정과 말을 통해 통제하도록 한다. 이 시기는 하나님에 대한 전 이해가 형성되므로 어머니의 따뜻한 사랑과 돌봄을

---

67) D. Aleshire, Faith care, Philadelphia : The Westminster Press, 1988, p.115.

통해 안정감과 사랑이 생기게 되며 믿음과 신뢰감이 형성된다. 이는 하나님에 대한 믿음이 성장하는데 필수적인 요소이다. 특히 부모와의 관계가 하나님에 대한 전이미지(pre-image)과 형성하는데 중요한 역할을 한다. 신뢰를 형성할 경우 자신과 세상에 대해 긍정적인 이미지를 형성하게 되지만 그렇지 않을 경우 자신과 세상, 나아가서 하나님에 대한 부정적 이미지로 인하여 고통을 받을 수밖에 없다.

그러므로 부모는 엘쉬가 지적한대로 용납과 환영의 느낌을 가질수 있도록 힘써야 한다.

이 시기는 하나님께서 세상을 만들었다는 사실, 하나님은 사랑이라는 근본적인 신학적 내용들을 가장 효과적으로 배울 수 있는 시기이기도 하다.

또한 유아세례를 통해 새 생명이 이제 하나님의 자녀임을 확인하며 아직 아이 스스로의 힘으로 신앙을 고백하지는 못하지만 하나님과 부모와의 계약 가운데 참여되며 하나님의 자녀요, 교회의 정식 일원이 되도록 한다.[69]

이 시기의 상호관계 질과 신뢰감, 자율성, 용기, 희망, 사랑, 즐거움 등은 후에 발달되는 신앙의 형태에 근거한다.

2단계 : 직관적 투사적 단계(Intuitive-Projective Faith, 2-4세) : 전조작기

사고보다는 상상적이고 정적인 면에 더 초점을 맞춘다. 이 단계 또

---

69) 벤톤이비, 기독교 교육원리, 박영호 역, 기독교 문서선교회, 1995, p.259.

한 삐아제의 영향을 간접적으로 반영하고 있다. 삐아제의 전조작기에서는 내적인 사고의 과정을 갖게 되지만 아직 생각은 논리적이지 못하고 대신 직관적이다. 이 단계의 신앙의 힘은 상상력의 시작인데, 경험의 세계를 강력한 이미지들로, 또한 유아의 직관적 이해와 감정의 실존의 궁극적 조건들과 연결시켜 주는 이야기들에 제시된 대로 통일하고 파악하는 능력이 탄생되는 것이다. 그러므로 논리적 사고보다는 상상력이 주로 사용된다. 현실과 상상을 구분하지 못하며 생각은 주로 감각에 의존한다. 상상력의 활발한 사용으로 인해서 이 시기에 들은 이야기들은 훗날까지 큰 영향을 끼치게 된다. 그들은 상상하고 상징을 사용하며 공상적인 세계 속의 한 부분인 자신을 느끼고, 감정적이며, 좋아하는 것을 행동으로 표현한다.

전 단계가 신앙의 기초가 되는 신뢰를 형성하는 시기라면 이 단계에서는 신뢰를 기초로 해서 신앙에 대한 구체적인 이미지들을 형성하는 시기이다. 인식은 주로 직관에 의하며 신앙은 분위기와 본보기와 중요한 타인의 가시적 신앙행위에 대한 모방에 의하여 형성된다. 모란(Moran)에 의하면 이시기의 모든 교육은 종교적 교육이라고 말할 수 있다.[70] 유아의 모방의 대상은 자신과 중심적인 관계를 맺고 있는 성인 즉 부모들이 아이에게 보여주는 모든 것이 그들에게 매우 강렬하고도 영구적인 영향력을 행사한다. 하나님, 예수님, 교회, 성경, 기도, 다른 사람들에 대한 중심 이야기를 통해 성경적 이미지를 심어 주어야 한다.

성경을 가르침에 있어서도 유아들이 이미지를 포착할 수 있는 자료를 사용하여 유아의 상상력을 키우고 생활 경험과 관계된 것을 이

---

70) Moran, G. Religious Education Development, Minnesota : Winstone Press, 1983, p.197.

용한다.

　유아의 신앙은 유아가 일차적으로 관련된 가시적 신앙의 실례들, 분위기, 행동, 이야기 등에 의하여 강력하고 항구적으로 영향을 받는 환상으로 가득찬 모방적 단계이다. 사실과 환상이 아직 구분되지 않기 때문에 그 결과 상징물이 문자적으로 받아들여지고 하나님은 인간형태로 주술적 용어들로 사고된다. 예를들면 하나님에 대하여는 마술적인 의미로 이해하고 있다. 즉 '하나님은 하늘에 계시고 모든 것을 볼 수 있다' 라고 생각하는 것이 특징이다.[71] 이 시기부터 유아들은 부모의 신앙을 흉내내기 시작하며 이를 기뻐하는 모방의 시기이다. 그러므로 부모의 신앙적 모습은 참으로 온유하다. 또한 상상력을 통해 배울 수 있도록 환경을 마련해 주며 신체적 성장에 관심을 갖고 자신의 의견을 자유롭고 분명하게 표현하도록 도와주고 또래와 좋은 관계를 갖도록 도와주고 긍정적인 자의식을 지니도록 한다.

　성경은 걸음마 시기의 아이에게 물리적 대상으로 인식할 수 있다. '하나님' 과 '예수님' 이라는 말이 입에서 나올 수 있으며 그들은 뭔가 특별한 존재라는 막연한 인식을 하게 된다. 2-3세아는 단순히 문자적으로 가르쳐지는 성경 개념을 파악할 수 있는 하나님과 예수님에 대한 아주 초보적인 신앙이 형성되는 시기로 간단한 성경 구절을 들려준다. '말 안 들으면 지옥에 간다.' '하나님께서 벌을 준다' 는 등 겁을 주거나 공포를 주는 내용보다는 즐겁고 기쁜 내용으로 예쁜 그림이 함께 있는 성경 이야기책이어야 한다. ① 성경 이야기가 유아들에게 직접 제시될 때는 몇가지 일반적인 규칙들이 지켜져야 한다. 이야기는 명료하고 이해하기 쉬운 것으로 등장인물이 복잡하게 많이 나

---

71) 방현덕, 가정 교육론, 서울 : 바울서신사, 1995. p.219.

오는 것보다는 몇몇의 인물들이 나오는 단순한 형태로 조직되어야 한다. 이간(Eagan)은 이야기는 유아들이 정확하게 이해할 수 있도록 뚜렷한 대조를 이룬 반대적인 두 가지 힘으로 조직되어야 한다고 한다. 즉 선과 악, 행복과 슬픔, 정의와 부정과 같은 힘들이다.[72] 또한 이 대조의 이야기는 유아 자신의 경험과 연관시켜 이야기를 구성해야 한다. 상상을 유도하는 다윗과 골리앗의 이야기는 이 단계의 유아에게 강하게 상상으로 구체화된다.[73] ② 이 단계의 위험은 유아의 상상이 억제될 수 없는 공포와 파괴적인 이미지들에 사로 잡히는 것과 더 나아가 금기들과 도덕적이고 교리적인 기대들의 강요로 인하여 유아의 상상을 고의적으로 또는 부지중에 악용할 수 있다는 점이다. 그러므로 질투와 징계의 하나님보다는 사랑과 선을 베푸시는 하나님으로 이해시키는 것이 하나님에 대한 긍정적인 태도를 길러 줄 수 있다. 태어나서 아이에게 훈계하고 행동을 고쳐 주는 벌보다는 부모님의 따뜻한 돌봄과 사랑을 통해 부모에게 애착을 느끼고 믿고 따르며 순종을 하듯이 하나님에 대한 이해도 이와 같은 방법으로 접근하는 것이 필요하다. 상상과 현실의 구별이 잘 안되는 시기이므로 하나님을 가장 친한 친구로 생각하는 태도가 필요하다. 지옥의 심판을 주시는 공포의 하나님보다는 우리를 지켜 주시고 보호해 주시는 감사하신 분으로, 사랑과 우정에 대한 태도를 장려하는 성경 이야기와 테이프를 많이 들려준다.[74]

유아에게 성경 진리를 가르치는 가장 효과적인 방법은 부모 자신

---

72) Egan. k., Educational Development(New York : Oxford University Press, 1979), p.12.
73) Osmer R. R., op. cit. p.229.
74) Cully, I. V. 아동의 기독교 교육 개발, 홍설화, 이원종 역, 서울 : 컨콜디아사, p.93.

이 모범적인 모델을 보여주는 것이다. 하나님의 말씀의 진리가 일상생활과 연관되어야 한다. 아이는 하나님이 계심을 알고 특별히 중요한 존재이며 사랑하는 분임을 배운 그대로 순수하게 믿는다.

4-7세아는 예수님을 하나님의 아들로 믿고 신학적 개념들을 좀더 깊이 가르칠 수 있다. 감사와 사랑을 체험할 수 있고 표현할 수 있다. 성경은 하나님과 예수님에 관하여 말해 주는 책이고 우리가 살아가는 방법을 알려주는 책이라는 것을 알게 된다. 아이는 징계가 무서워 행동하며 나중에 기쁘게 해 드리려는 욕망을 기초로 행동하게 된다. 잘못했을 때 사과하며 하나님께 용서를 구하기 시작한다. 예수님을 기쁘게 해 드리도록 가르칠 수 있으며 예수님의 사랑을 유아 자신을 통해 나타낼 수 있다는 것을 가르칠 수 있다. 이 시기를 통해 남을 고려하고 남을 도와 줄 수 있는 이타심과 자기 스스로를 조절하고 통제할 수 있는 자기 조절력, 부모를 존경하고 자신을 존중하는 자긍심, 순종 등을 가르칠 수 있다.[75]

매일 매일의 가정 예배, 식사 기도, 부활절, 추수감사절, 크리스마스를 지키는 것은 유아의 신앙 발달에 큰 영향을 준다. 윌리암스(Williams)에 의하면 6세 유아는 인간에게 여러 가지 한계가 있음을 지각하기 시작하며 그래서 마술의 관념을 벗어나 하나님을 이해하게 되는 중요한 발달 시기라고 한다. 전적으로 부모에게 의존하며 동일시 해 오던 아이가 부모도 인간이며 한계가 있음을 경험을 통해 깨닫게 되며 참으로 의지할 수 있고 신뢰할 수 있는 분이 하나님이라는 것을 알게 되며 자아 중심성은 감소되면서 하나님께 의지하며 기도하는 것에 관심을 가지고 전지전능하신 하나님을 인식하고 자기를

---

75) Williams, R. Religious Education, 66권, 1977, pp.631f.

돌보시고 지켜 주심을 이해하기 시작한다.[76]

그러므로 아이가 유치원이나 학교에 갈 때에 항상 짧은 시간 동안 "지켜 주시고 보호해 주십사" 하는 기도를 해주고 아이는 엄마를 '지켜 주십시오' 하는 기도를 서로 해주므로 하나님께서 친히 돌보고 계시다는 사실에 관심을 갖고 이해하도록 한다.

비어(Beers)가 제시한 각 연령에 따라 배워야 할 신학적 내용을 기초로 해서 살펴보면 다음과 같다.[77]

2-3세아를 위한 신학적 내용

하나님

- 하나님께서는 나를 사랑하신다.
- 하나님께서는 나를 지켜 주시고 보살펴 주신다.
- 하나님께서는 해와 비를 주신다.
- 하나님께서는 나와 대화를 하시길 바라신다.
- 하나님께서는 이 세상을 지으셨다.
- 하나님께서는 나를 만드셨다.
- 나는 하나님께 기도를 드릴 수 있다.
- 나는 하나님께 찬양을 드릴 수 있다.
- 나는 하나님께 감사할 수 있다.

---

76) 이원순, 기독교 과정 교육 이해와 그 이론, 장로회 신학대학 대학원 석사 청구논문, 1988.
77) Beers, V. G. Family Bible Library, Nashvillc : South western, 1971. 10:14-15.

예수님

- 예수님께서는 나를 사랑하신다.
- 예수님께서는 한 때는 세상에 사셨으나 지금은 하늘에 계신다.
- 예수님은 하나님의 아들이시다.
- 예수님은 나의 가장 친한 친구다.
- 예수님은 한 때는 나와 같은 어린이셨다.

성 경

- 성경은 하나님에 대해 말씀하고 있다.
- 성경은 훌륭하고 좋은 책이다.
- 성경은 특별하고 귀중한 책이다.
- 나는 성경을 사랑해야 한다.

가정과 부모

- 하나님께서는 부모를 나에게 주셨다.
- 나는 부모님께 순종해야 한다.

교회와 주일학교

- 교회는 하나님에 대해서 배우는 곳이다.
- 교회는 친구를 만날 수 있는 곳이다.
- 교회는 하나님의 집이다.
- 나는 교회에 즐겁게 참석해야 한다.

- 나는 하나님의 집의 살림을 위해 헌금을 할 수 있다.

다른 사람

- 하나님은 다른 사람도 사랑하시고 그들을 돌보기 위해 부모님을 주셨다.
- 다른 사람들은 좋은 친구가 될 수 있다.
- 다른 사람들은 때로는 불친절하기도 한다.
- 예수님께서는 내가 다른 사람에게 친절하며 서로 나누는 생활을 하기를 원하신다.

천 사

- 예수님께서 탄생하실 때 천사가 사람들에게 소식을 전해 준다.
- 천사는 하나님을 사랑하고 그를 찬양한다.

4-5세아를 위한 신학적 내용

하나님

- 하나님께서는 나와 다른 사람을 사랑하신다.
- 하나님께서는 나와 다른 사람과 이 세상에 있는 모든 것을 만드셨다.
- 하나님께서는 우리 가정을 돌보아 주시고 지켜 주시고 사랑해 주신다.
- 하나님은 믿고 따르고 의지할 분이다.
- 하나님은 어느 곳에나 계신다.

- 하나님은 예수님을 우리 죄를 위해 대신 죽으시도록 보내 주셨다.
- 하나님은 감사할 줄 아는 사람을 원하신다.
- 하나님은 우리가 부모님께 순종하고 하나님께도 순종하기를 원하신다.

예수님

- 예수님은 나를 사랑하시며 나의 가장 좋은 친구이시다.
- 예수님은 나와 대화하기를 원하시고 나는 모든 비밀을 다 하나님께 말씀드릴 수 있다.
- 예수님은 우리를 구원하시기 위해서 오셨다.
- 예수님께서는 우리를 위해 돌아가시고 사흘만에 다시 살아나셨다.
- 예수님께서는 어린이를 가장 사랑하신다.
- 예수님께서는 사랑을 다른 사람과 나누며 살기를 원하신다.
- 예수님께서는 어려운 일을 도와주시고 이끌어 주신다.

성 경

- 성경은 하나님의 말씀에 대해 말씀하고 있다.
- 성경은 하나님의 말씀이다.
- 하나님께서는 성경을 통해 우리가 어떻게 행하여야 하는지를 도와주시고 가르쳐주시고 인도해 주신다.
- 성경은 참된 이야기를 담은 책이다.

가정과 부모

- 하나님께서는 나를 가르치고 보호하고 키워 주시기 위해 부모를

주셨다.
- 하나님께서는 부모에게 나를 위해 기도하도록 하셨다.
- 하나님께서는 내가 부모에게 순종해야 한다고 말씀하셨다.
- 나는 부모님을 사랑하고 기쁘게 해 드려야 한다.

교회와 주일학교

- 교회는 하나님을 배우고 찬양하며 예배하는 곳이다.
- 교회는 하나님을 사랑하는 사람들을 만나는 곳이다.
- 교회는 특별한 곳이다.
- 교회는 하나님에 대해 배우는 곳이다.

다른 사람

- 하나님께서는 모든 사람을 지으셨다.
- 모든 사람들은 하나님께서 만드신 특별한 존재이다.
- 하나님께서는 모두를 사랑하시고 나도 모두를 사랑하기를 원하신다.
- 하나님께서는 다른 사람에게 예수님을 전하기를 원하신다.
- 하나님께서는 다른 사랑에게 친절을 베풀고 사랑을 나누기를 원하신다.
- 하나님께서 다른 사람을 도와주기를 원하신다.

천사와 최후

- 어떤 천사는 선하고, 어떤 천사는 악하다.

- 하나님을 즐겁게 해 드리기를 원하는 천사는 좋은 천사이고 하나님을 즐겁게 해 드리기를 원하지 않는 천사는 나쁜 천사이다.

【 생각해 볼 문제 】

1. 골드만이 말하는 직관적 종교적 사고기 유아의 영적 특징은 무엇입니까?

2. 골드만은 하나님의 개념을 유아에게 어떻게 가르쳐야 한다고 하였습니까?

3. 파울러의 신앙 발달 단계중 미분화된 신앙 단계와 직관적 투사 단계의 특징 및 신앙 교육에 대해 논하시오

4. 비어(Beers)가 제시한 유아에게 가르쳐야 할 신학적 내용을 연령별로 비교해 보시오.

제3장
가정에서의 신앙적 태도 교육

매를 아끼는 자는 그의 자식을 미워함이라
자식을 사랑하는 자는 근실히 징계하느니라
(잠 13:24)

제3장 가정에서의 신앙적 태도 교육

태도와 덕행은 심리학적 뿌리이지만 동시에 종교적 중심이 된다. 에반스(Evans)는 태도 - 덕행을 다음과 같이 제시하였다.
신뢰감 - 불신감, 겸손 - 자랑, 받아들임 - 거부, 책임 - 무책임, 절제 - 무절제, 친절 - 편협, 관심 - 방종
이러한 태도들이 훗날 성인의 삶에 영향을 끼친다고 하였으나 세이모어(Seymour)와 그의 동료들은 유아시기 동안 훗날에 나타나는 도덕적 태도의 기초를 제공한다고 주장하였다. 태어나서 학동기 동안 발달하는 기본 가치 태도는 청소년기에 수립되는 신념 - 태도에 의해 보충이 된다.[78] 가정에서의 신앙 교육을 위해서는 우리의 가정 생활이 하나님 중심의 삶이 되어야 하며 하나님을 닮아가는 삶이 되도록 하기 위해 예배, 기도, 성경 뿐만 아니라 신뢰감, 사랑, 순종, 온유함, 자긍심, 평화, 책임감, 이타심, 자기 조절, 인내심을 가정에서 끊임없이 지도해야 하며 참으로 성경의 열매들-사랑, 희락, 화평, 오래 참음, 자비, 양선, 충성, 온유, 절제(갈 5:22-23)을 나타낼 수 있도록 신앙적 태도 교육을 길러주어야 한다.

---

78) Seymour, J. L., etal. Contemporary Approaches Christian, Nashville : Abingdon press, 1982, p.85.

가정 예배를 드리는 습관을 기른다.

가정이란 집을 짓는 것과 같다. 하나님의 말씀을 가지고 가족을 위한 기초를 확고히 세우고 영생을 향한 집을 짓기 위해 주님의 사랑 안에서 집을 세워 나가야 한다. 아이는 스펀지처럼 주변 세계의 모든 것을 흡수하는 마음이 있으므로 그들에게 노출되는 모든 것에 의해 좋고 나쁜 습관이 생긴다. 부모의 행동, 태도, 말, 이기심, 비판적으로 세상을 바라보는 눈 등 아이에게 영향을 안미치는 요인은 하나도 없다. 그러므로 가정에서 아이가 태어나서부터 어머니의 기도를 들으며 찬송가를 들으며 성경 말씀을 들으며 안정감을 느끼며 서로를 신뢰하고 사랑하며 성장할 수 있도록 복음의 의미를 구체화할 수 있는 가정의식을 형성해야 한다. 예를 들면 가정에서 예배를 드리는 것은 무엇보다도 중요하다. 예배는 가족을 결속시키는 영적 힘이다.

예배의 의미는 세 가지의 통합된 뜻으로 정리할 수 있다.

첫째, 하나님께 영광을 돌리기 위한 '절, 경배, 엎드림'이다.

둘째, 좀더 시간상의 지속적인 행위로 '순종, 복종, 섬김'이다.

셋째, 행위의 적극적인 차원에서의 '봉사, 헌신'이다.

예배의 가장 큰 특징은 설교이다. 설교는 '설명하여 가르치는 것'이다. 개혁교회는 '설교'라고 단순히 표현하기 보다는 '본문과 설교'라고 표현하고 있으며 '본문과 설교'는 하나님편에서의 절대적 권위의 말씀으로써 인간의 다양성을 모두 포괄할 수 있는 절대적인 은혜의 방편이다.[79] 그러나 가정 예배는 어린이의 발달 단계에 적합한 프로그램이나 내용을 필요로 한다. 신앙의 성장은 개인의 내면적 성장

---

79) 나용화 역, op. cit. pp. 149-150.

과 함께 외적인 환경이 함께 작용하여 이루어진다. 유아를 무시한 부모의 일방적인 전통적 교육이나 지나치게 유아에 중심을 둔 교육도 바람직하지 않다. 전통적인 경우 성인의 관점에서 성경을 가르쳤기 때문에 유아가 이해하지도 못하는 내용을 다루어 성경에 대한 흥미를 잃게 되고 기피하게 된다. 그러나 20세기초 미국을 중심으로한 종교 교육운동의 전통에서 나타나듯이 지나치게 유아를 중심으로 할 경우 성경말씀을 소홀히 하게 되므로 이들 사이를 잘 조화하는 것이 필요하다. 성경말씀을 가르치되 그 내용의 설정이나 방법에 있어서 배우는 유아의 입장을 충실히 고려해야 한다. 종교적 언어는 예배 속에서 '살아난다' 예배는 크리스천의 양육을 위한 분위기를 이루는 환경이며 성령께서 독특하게 역사하시는 상황이다. 아무리 모호하게 인식이 되는 경우라도 진정한 예배에는 하나님의 임재에 대한 의식이 있다. 왜냐하면, 예배는 일차적으로 하나님을 찬양하며 경배하는 것이기 때문이다. 예배중점을 깊이 생각하고, 따라서 삶에서의 하나님의 의미를 보다 분명하게 이해한다.[80]

예배를 통하여 하나님의 가까이 하시는 실재하심을 경험하고 그분과의 친교를 깨닫는다. 예배는 하나님으로 향한 심령의 태도를 발전시키며 또래들에 대한 태도를 성숙시킨다. 예배는 영적인 분위기를 형성해 주며 그러한 영적인 분위기를 안전성을 부여한다.[81]

칼빈은 그의 설교에서, 우리가 마땅히 드려야 할 예배와 신앙과 헌신을 돌려 드리지 아니하는 경우는 사람들 앞에서 아무리 의롭고 정직하게 살며 우리의 이웃으로부터 도덕질하거나 아무런 해도 그에게

---

80) 이근삼 외, 칼빈주의 특성과 강조점, 서울 : 도서출판 엠마오, 1989, pp.61-62.
81) M. J. Taylor, op. cit. pp.172-173.

끼치지 아니한다고 자랑할 수 있을지라도 모두가 헛되다고 하였다. 진실로 하나님께 대한 예배의무를 소홀히 하는 것은 어떤 죄보다 훨씬 나쁜 죄악이다.[82] 그러므로 어린이에게는 우선적으로 예배드리는 습관을 길러 주는 것이 중요하다. 유아들은 가정의 예배하는 분위기 속에서 신앙이 성장하고 기독교적인 인격이 성장하게 된다. 자녀들은 가정 예배를 통하여 영적인 영향을 공급받아야 한다. 그러므로 예배 가치를 인식하고 부모들은 열심을 다해서 가정 예배를 드리는 습관을 가지도록 해야 한다.

가정 예배 시간은 부모들에게 성경의 진리와 위대한 성경의 교리들을 나눌 수 있는 자연스러운 기회를 제공한다. 자녀들은 거룩함과 순종 가운데 믿음으로 하나님께 반응하는 법을 배울 수 있다.

좋은 습관은 쉽게 형성이 되나 쉽게 깨져 버릴 수도 있다. 사탄은 예배 시간을 방해하는 것을 좋아한다. '나는 공놀이를 해야 해! 나와서 놀자, 나는 너무 피곤해, 예배를 내일 드렸으면 좋겠어' 라는 식으로 주님의 주어진 시간을 방해한다. 하나님께서는 각자에게 하루에 24시간을 주셨는데 그중 10-15분간 예배를 드릴 수 없는가? 아이가 재미있게 주님의 말씀을 듣고 기도를 하도록 하기 위해 아이가 기도에 참여하도록 하며, 찬송가의 곡을 선택하도록 하는 것이 좋은 방법이다.

제글러(Segler)가 정의하고 있는 예배의 의미를 살펴보면[83]

① 신비 : 예배는 계시와 신비이다. 즉, 인간은 계시 안에서 하나님의 임재를 경험하고 신비 안에서 하나님을 경외하게 되므로 예

---

82) 벤톤이비저, op. cit. p.69.
83) Segler, F. M. 예배학원론, 정진황 역, 서울 : 요단 출판사, 1979.

배는 하나의 신비한 의미를 지니고 있다.

② 경축 : 예배는 본질적으로 역사에서의 하나님의 활동에 대한 경축이다. 이 하나님의 활동이란 그의 창조, 섭리, 구속의 언약, 예수 그리스도의 수육, 십자가와 부활을 통한 하나님의 구속적 계시, 그리고 성령의 강림을 통한 하나님의 구속적 계시, 그리고 성령의 강림을 통한 하나님의 능력의 나타남 등이다. 예배는 이러한 하나님을 찬양하는 경축의 의미를 가지고 있다.

③ 생활 : 예배는 일정한 예식에만 국한되지 않는다. 예배는 기독교인들에게 있어서 삶 전체를 의미한다. 넓은 의미에서 예배는 사람이 하고 있는 모든 일들과 관계가 있다. 기독교인은 그의 생활 전체를 바치기 위해서 언제나 하나님 앞에 서 있다. 그러므로 예배는 생활의 모든 영역에서 하나님의 임재를 실현시키는 것이다.

④ 대화 : 예배는 하나님과 인간의 만남이며, 이 양자 사이에서 이루어지는 일종의 대화이다. 예배를 통하여 하나님은 자신을 계시하시고, 인간은 이에 대하여 응답한다. 계시와 응답의 대화를 통해서 인간은 하나님을 경외하게 된다. 예배 때에 하나님은 말씀으로 예배자에게 오시고, 예배자는 하나님께 믿음으로 응답하는 대화가 이루어진다.

⑤ 드림 : 예배의 목적은 하나님께 드리는 데 있다. 예배는 우리 자신의 전체 즉, 지성, 감성, 태도, 소유 등을 하나님께 드리는 것이다. 우리의 외적 예물은 내적 헌신의 결과이다. 그러므로 봉헌의 가장 고상한 표현은 자기 자신을 드리는 것 곧 자신을 거룩한 산 제사로 드리는 것이다.

⑥ 종말론적 성취 : 예배는 교회의 종말론적 기능이다. 교회는 하나님께 예배를 계속해서 드려야 할 사명을 가지고 있다. 따라서

교회는 예배의 경축에서 하나님의 구속의 종말론적 성취를 느끼고, 종말론적 교회로서의 자신을 알아차리고 이에 더 나아가 종말론적 달성에 대한 소망을 갖게 된다.

또한 아이의 예배에 대한 흥미를 불러일으키기 위해 촛불을 켜고 돌아가면서 촛불을 끄고 감사 기도와 찬송가를 부르는 것도 한 방법이 될 수 있다. 물론 아이는 주님의 말씀과 찬송가보다는 촛불을 끄는데 더 관심을 기울일지는 몰라도 몇 년 계속하는 동안 가정 예배를 드리는 좋은 습관을 갖게 될 것이다. 하나님의 말씀이 불모지에 떨어지지 않는다면 가정에서 예배를 드리는 동안 가족들의 마음속에서 자라날 것이다.

진보적인 심리학자인 마이틀 맥그로우(Mytle McGraw)는 쌍둥이 소년을 대상으로 포괄적인 인간 개발에 대한 연구를 하였다. 그는 쌍둥이 중 한 아이인 조니에게 걷기를 위한 여러 가지의 특별한 훈련을 시켰고 다른 쌍둥이 지미에게는 그런 훈련을 시키지 않았다.

그 결과 12개월이 될 때까지는 걷는 행동이 훈련에 의해 영향을 받지 않은 것으로 나타났다. 그러나 롤러스케이트 타는 것을 조니에게 걷기 시작한 12개월에 롤러스케이트를 가르친 반면 지미는 22개월이 될때까지도 스케이트를 배우지 못한 결과 조니가 지미보다 훨씬 잘 탔다.

자전거의 경우에서는 일찍 배운 조니는 잘못된 습관만 형성되었으며 오히려 늦게 배운 지미가 조니를 훨씬 능가하였다. 이런 실험을 통해 맥그로우(McGraw)는 사람의 개발 과정에서 결정적인 학습 기간이 있다는 것을 알아냈다. 그리고 이 결정적 시기는 가장 급속한 성장의 기간과 일치한다고 하였다. 결정적 시기의 개념은 기독교 교육에 있어서도 심오한 중요성을 갖는다. 부모는 환경적인 것이 유전적인 것을 크게 꽃 피울 수 있는 시기를 찾아서 아이에게 적용시켜야만 한다. 결정적 시기보다 일찍 또는 늦게 교육을 시키는 것은 아이에게 해가 될 것이다.[84]

기도와 예배 하는 습관을 너무 늦게 가져서 어린 시기의 결정적 시기의 이익이 손실하는 일이 없도록 형성 시기에 시작하도록 한다.

【 생각해 볼 문제 】

1. 예배의 특징은 무엇입니까?

2. 제글러가 정의하는 예배의 의미는 무엇입니까?

3. 유아 교육적 결정 시기를 통해 본 예배의 중요성은 무엇입니까?

---

84) McGraw, M. B. Growth : A Study of Johnny and Jimmy, New York, Appleton-Century, 1935, 9f.

기도를 어떻게 해야 하는지 가르친다.

"나의 반석이시요, 나의 구속자이신 여호와여 내입의 말과 마음의 묵상이 주의 앞에 열납되기를 원하나이다"(시편 19:14)

기도는 사전적 정의로 '하나님과의 교제이며 그의 임재의 인식' 이 듯이 하나님과의 교제를 나타내는 기본적인 표현 양식으로서 엄마, 아빠, 친구에게 이야기하듯 자연스럽게 시작하는 것이다.

기도는 우리가 하나님과 맺는 관계성을 나타내는 기본적인 표현 양식이며 기도의 형식은 각각 다르고 그 다른 각각의 기도가 다른 기도를 서로 심화시키는데 결정적인 역할을 한다.

기도는 하나님의 뜻을 보다 잘 이해하게 하며 순종하게 한다. 하나님의 사랑이나 의가 사람들의 생활이나 사회의 모든 분야에 미치고 있다고 믿는 사람들은 자신들의 개인적인 구원과 다른 사람이 가지는 넓은 관심사를 기도에 의해서 표명하고 하나님의 뜻이 반드시 달성되는 것으로 믿는다.

컬리(Cully)에 의하면 유아를 위한 기도에서 하나님은 모든 것을 주시는 분으로서 또는 선하고, 인정이 많고, 신뢰할 수 있는 분으로서 나타내야 한다고 말한다. 또한 하나님은 고통, 공포, 노여움을 이해해 주시는 분이며 언제, 어디서나 우리들 곁에 계셔 지켜 주시는 분이다. 그러므로 유아에게는 지옥, 벌, 불순종, 무서움, 공포, 질투의 하나님 보다는 사랑하고 지켜 주시고, 위로해 주시고, 받아 주시는 분으로 이해하고 감사하는 마음을 가지는 것에서부터 이루어져야 한다.

기도는 하나님과 다른 사람을 위하는 사랑을 갖도록 한다. 기도는 하나님의 특별한 창조물로써 다른 사람을 받아들이고 수용하는 감성을 갖도록 한다.

칼빈은 '하나님의 자녀들이 행하는 중요한 연습은 기도하는 것이다. 이는 이같은 방식으로 그들이 자기들의 신앙에 대한 참된 증거를 나타내 보이기 때문이다.'고 하였다. 사람들은 자신이 필요로 하는 것들과 남들이 필요로 하는 것들을 기도를 통해서 표현한다. 찬양과 감사를 드리는 것도 기도로써 표현을 한다. 그러므로 기도는 살아 있는 신앙의 표현이며 하나님을 향한 사랑과 열망을 토해 내는 신앙이다.[85] "기도란 신 앞에서 우리의 마음을 펼쳐 놓은 것 밖에 아무런 것도 아니다."(사 63:16). "우리는 기도할 때 우리의 생각과 소원을 신앞에 털어 내 놓는 것 이외에 아무것도 하지 않는다."(고전 14:14).[86]

하나님의 자녀들이 행하는 중요한 연습은 기도하는 것이다. 기도는 인간의 심령 속에 신앙이 현존할 때 나타나는 결과이다. 그래서 칼빈은 '우리가 성공에 대한 확실한 희망으로 활력을 얻어 기도해야 한다.' 는 것을 강조하였다. 모든 기도는 그것이 감사이든 간구이든 또는 고백의 형식이든간에 "심령을 살피시는 하나님 앞에 내면적 감정을 토로하여 나타내는 것이다. 신앙의 연습을 통하여 하나님은 우리의 심령 속에 깊이 들어오시어 우리 마음의 내면적 감정과 고통을 가지기를 원하신다. 기도에서 몸의 자세와 기도에 사용되는 용어들은 모두 가슴으로 느끼거나 느끼고자 하는 것을 순수하게 표현하는 것이어야 한다."

바버(Barber)가 기도의 도식을 보편적인 것에서 구체적인 것으로 찬양-감사-고백-도고-간구로 열거했듯이 유아에게는 찬양과 감사의

---

85) Wallace, R. S., op. cit., p.85.
86) Ibid., pp. 341-355.

기도를 하도록 한다. 유아기 말에는 잘못에 대한 용서를 고백할 수 있으나 강요해서는 안 된다. 그러나 유아기 말에는 잘못을 저질렀을 때의 그 의미를 알고 있다. 싸움, 놀림, 용서받고 싶은 마음, 싸운 친구와 화해했을 때의 기쁨과 만족감 등을 안다. 이러한 것들의 표현을 통해 고백기도가 이루어질 수 있다. 하나님께서 임재하고 계심을 느끼게 하는 것, 자신감과 화평스러움을 확신시켜주는 것은 부모의 기도를 통해 유아에게 전달할 수 있다.

유아들의 종교적 이해는 부모들이 생활해 가면서 여러 가지 문제에 부딪히면서 대처해 나가는 삶의 방식을 통해 전달된다. 유아들은 경건과 동경과 신뢰와 감사와 선의의 특성이 감정뿐만 아니라 생활에도 나타나기 시작하는 때라고 볼 수 있다.

따라서 기도의 생활을 장려하여 늘 하나님과 교제하고 대화를 하며 하나님과 더불어 동행하는 든든함을 체험하도록 도와주는 것이 좋다. 부모는 친히 하나님과 교제하고 하나님께 물으며 하나님께 이끌리고 있는 감사를 또는 기쁨과 안정감을 이론보다 실증으로 보여주는 것이 필요하다고 본다.

또한 기도는 예배생활의 훈육에 중요하다. 진실하고 규율이 바른 것이어야 함은 물론이고 그것이 짐스러워서는 안 되며 또 소요시간이 짧으며 자녀들에게 협력을 요구해야할 여지를 두도록 유의해야 한다.[87] 부모들이 어려운 고난 중에서도 도움을 받는 확신감, 하나님께 간구하는 마음, 행복할 때 기쁨으로 감사드리는 모습을 통해 하나님의 존재를 인식하고 신뢰하고 믿는 종교적 체험을 하게 된다. 부모들이 유아와 함께 기도 드릴 때, 그 목소리와 태도 속에 확신과 믿음

---

87) 高山, 기현빈 역, 어머니들을 위하여, 생명의 말씀사, p.95.

이 있을 때 유아에게 하나님의 실재성을 전달해 줄 수 있다. 감사는 우리의 전 생애에 걸쳐 우리가 힘써야할 '경건의 중요한 연습'이다.
칼빈은 감사를 '찬미의 제사'로 부른다.
유아가 자기중심적인 면에서 벗어나 가족과 친척, 이웃을 위해 기도할 수 있도록 가르치는 것을 필요로 한다.
사람들을 위해 중보기도를 드리는 것은 사랑을 표현할 수 있는 가장 실제적인 방법이다.
그리스도인의 생활에서 기도의 중요성은 강조할 수 밖에 없다. 기독교 교육에 참여한 모든 사람은 물론이고 모든 부모는 아이의 나이에 상관없이 아이의 영적 성장과 하나님의 보호하심을 위하여 열심히 기도해야 한다. 하나님은 자신을 대신하여 자녀를 보살피고, 키우고 교육하기 위해 부모를 선택하셨다. 아이는 결코 부모의 소유가 아니다. 하나님께서 부모를 택하여 그를 통해 자녀를 보낸 것이므로 하나님의 대행자로서 자녀들의 생활속에 하나님의 뜻이 새겨지도록 교육하고 양육하고 보살피고 사랑하는 책임을 다해야 한다.
어린이의 기독교적 신앙인격은 부모가 기독교인으로 생활하는 곳, 즉 사랑과 대화가 활기있게 이루어지는 곳, 하나님의 말씀이 생활과 연결되는 곳에서 건전하게 형성된다.[88]
필자의 경우는 아이가 7년전 유치원을 다닐 때부터 매일 아침 집을 나서기전 그날을 보내기 위해 함께 기도하는 시간을 현관에서 가졌다. 매일매일 기도가 반복이 되자 내 기도가 끝나자 놀랍게도 아이도 엄마를 위해 기도를 하기 시작하였다. 이제는 하루라도 기도를 놓치면 아이가 깜빡 잊고 현관을 나갔다가도 다시 돌아와 기도를 한다.

---

88) Richards, L. O. A., Theology of Christian Education, Grand Rapids, Michigan : Zondervan co, 1975, p.261.

매일매일 기도를 하면서 그날 하루를 즐겁고 안정된 마음으로 시작하는 것을 우리는 느낄 수 있었다. 이렇듯 일상생활을 해 나가는 가운데 일정한 시간을 정해서 아이와 함께 기도를 하는 것은 아이에게 중요한 기도의 훈련이 된다.

규칙적인 기도 생활은 구원과 함께 자동적으로 얻어지는 것이 아니다. 기도는 훈련을 통해서 그 능력과 특권을 이해할 수 있고 그 특권을 자주 실행에 옮겨 봄으로서 발전된다. 앨리스 채핀이 성경 말씀을 인용하여 제시한 기도를 살펴보면[89]

① 기도는 하나님께 이야기하는 것이다.
② 하나님은 우리의 기도를 들으신다.
③ 하나님은 우리의 기도에 응답하신다.
④ 우리는 때를 가리지 않고 기도를 할 수 있다.
⑤ 우리들은 장소를 가리지 않고 기도할 수 있다.
⑥ 우리들은 어떤 방법으로든 기도할 수 있다.
⑦ 우리는 어떤 것을 위해서든 기도할 수 있다.
⑧ 기도는 선택이 아니다. 기도는 특권이며 책임이며 명령이다.

기도는 하나님과 유아가 대화로서 만나는 것이다. 유아는 기도를 통하여 하나님과 의사소통을 할 수 있고 유아는 기도로 응답하는 것이다. 유아는 기도의 경험으로부터 기도가 무엇인가를 배우게 된다. 즉, 기도는 하나님과 이야기 하는 것이며, 언제 어디서나 기도할 수 있으며, 하나님께 감사하다고 말씀드리며 도움을 청할 수 있음을 배

---

89) Chapin, A., 우리 아이의 믿음이 자랄 때까지, 정영선 역, 서울 : 두란노서원, 1991.

우게 된다.

 유아들이 할 수 있는 기도의 내용은 감사의 기도, 도움을 요청하는 기도, 그리고 잘못에 대한 고백의 기도 등이다. 유아에게 적합한 기도의 지도방법은
   ① 부모와 유아가 기도할 내용에 대해 말하고 부모가 기도를 하면 유아는 그 내용을 그대로 따라서 한다.
   ② 부모가 기도를 할 때는 유아가 알아듣기 쉽고 사용하기 쉬운 용어를 사용하여 간단히 함으로써 유아도 스스로 기도할 수 있는 자신감을 갖도록 한다.
   ③ 부모와 유아가 교대로 돌아가면서 기도하는 방법을 사용한다.
   ④ 유아가 식사시간이나 가족모임 시간에 대표로 기도하도록 한다.[90]

「Happy Talk」의 이야기하기 편에 제시한 기도에 관한 활동이 가정에서 자녀에게 기도를 지도할 때 부모들에게 도움이 되도록 여기에 소개한다.
   · 엄마가 어렸을 때 이야기를 해준다. 여름방학 때 놀러 갔던 곳에 대해 이야기해 준다. 가장 좋아했던 강아지와 강아지하고 놀았던 일에 대해 이야기한다.
   · 아빠가 아이처럼 어렸을 때 이야기를 해 준다. 아빠와 할아버지가 만들었던 물건에 대해 이야기를 한다. 어떤 놀이를 하고 놀았었나 이야기한다.
   · 엄마가 어렸을 적 이야기를 듣는 것은 아주 재미있는 일이다. 아빠가 어린 꼬마였을 때 이야기를 듣는 것은 아주 즐거운 일이다.

---

[90] 안정숙, 교회학교유치부 교육과정 이론연구, 총신대학교 석사학위 청구논문, 1994, p.76.

- 부모들의 어릴 적 이야기를 많이 들려준다.
- 부모의 어릴 적 이야기를 들려주어 아이와 서로 공감대를 형성하게 되면 아이에게 조용히 말한다. 너도 친구 또는 비밀에 관해 엄마에게 이야기하고 싶어질 것이다. 아마도 아빠에게 나중에 자라서 무엇이 되고 싶은지 이야기하고 싶어질 것이다.
- 아이는 친구들이 할아버지에게 이야기하는 것을 두려워하지 않게 될 것이다. 사람들에게 이야기하는 것은 즐거운 일이다.
- 하나님께 이야기하는 것도 역시 재미있다. 하나님께서는 네가 선물 받은 자전거에 관한 이야기 듣기를 좋아한다.

하나님은 네가 무서워하는 것에 대해서도 듣기를 좋아하신다. 또 하나님께서 너를 즐겁게 해준 것에 대해서 이야기를 듣기를 원하신다. 하나님께 여쭤 볼 수도 있고, 감사할 수도 있어 모든 것을 하나님께 말씀드려라
- 하나님께 이야기하거나 기도하는 것은 가족과 친구들에게 말하는 것처럼 쉽다. 하나님께서는 네가 멋진 말을 하거나 또는 몇 마디를 말해도 상관하지 않는다. 네가 직접 만들어 기도하거나 책에서 읽은 것을 말해도 상관하지 않는다. 네가 기도를 길게 하거나 짧게 하거나 상관하지 않는다. 하나님께서는 단지 네가 생각하는 모든 것을 이야기 해주길 바랄 뿐이다.

예를 들어보면
- 하나님, 나무에 잎들을 주심을 감사합니다.
- 우리 가족을 지켜 주심을 감사합니다. 아멘
- 나를 좋아하세요 하나님, 그리고 나는 하나님을 사랑합니다.
- 아픈 친구 철수를 돌보아 주세요.

· 하나님 내가 길을 건널 때 두렵지 않게 도와주세요.

이런 말들을 하나님께 할 수 있는 것들이고 또 하나님께 이야기 할 수 있는 것이 무엇이 있는지 말해 보도록 한다.

이렇듯 부모들은 아이가 쉽게 기도할 수 있도록 가르치는 것이 필요하다. 부모도 아이에게 말하는 것처럼 하나님께 기도를 한다. 기도는 간단하고 짧게 한다. 가장 친한 친구에게 말한다는 것을 기억하도록 한다.

성경을 읽어 주고 설명해 준다.

"모든 성경은 하나님의 감동으로 된 것으로 교훈과 책망과 바르게 함과 의로 교육하기에 유익하니 이는 하나님의 사람으로 온전케 하며 모든 선한 일을 행하기에 온전케 하려 함이니라"(딤후 3:16-17)

유아는 추상적인 개념을 이해하기 어려울 뿐 아니라 주의 집중력도 매우 짧기 때문에 성경 동화를 읽어 주는 것도 도움이 되지만 한 문장 또는 두 문장 내외의 성경 구절의 요절을 반복해서 읽어 주고 뜻을 설명해 주고 일상생활 속에서 성경귀절을 자주 인용하도록 한다.

예를 들어, 아침에 늦잠을 자서 유치원에 늦은 아이에게 "좀더 자자, 좀더 졸자, 손을 모으고 좀더 눕자 하면 네 빈궁이 강도같이 오며 네 곤핍이 군사같이 이르리라"(잠 6:10-11)의 성경 구절을 들려주며 아이를 깨울 수 있다.

또는 성경 요절 카드를 만들어서 가정 예배를 드릴 때 아이가 읽고 싶은 구절을 꺼내 오도록 한다. 매일 꾸준히 하나님의 교훈들에 마음을 열고 성경을 읽으면 그 가르침을 이해하게 되고 그 합리성을 믿게 되며 그 진리에 의탁하게 된다.

【 생각해 볼 문제 】

1. 앨리스 채핀의 성경 말씀을 인용한 기도의 의미는 무엇입니까?

2. 유아 수준에서 이루어질 수 있는 기도는 무엇입니까?

3. 부모는 유아에게 기도를 어떻게 가르쳐야 하는지 논해 보세요

신뢰감을 기른다.

에릭슨(Erikson)과 설리반(Sulivan)은 믿음의 발달은 유아를 양육시키는 부모와의 관계 속에서 발달된다고 하였다. 자녀를 양육하는 사람은 자신의 행복 속에 어떤 의미나 목적이 있다는 것을 자녀에게 가르치면서 따뜻하고, 민감하고, 변함없는 방식으로 자녀 개인의 요구에 반응해 주어야 한다. 믿음은 자녀를 돌보아 줌으로써 형성된다. 즉 자신에 대한 믿음은 필요를 채워 주고 돌보아 주는 타인에 대한 믿음으로부터 나온다.

믿음은 사랑에 대한 인간의 응답이다. 하나님은 창조자이고 구제자이며 인간 하나 하나를 그가 어떠한 인간이든 어떠한 행위를 하고 있는가에 관계없이 사랑해 주신다. 이와 같은 하나님을 믿고 있는 사람들에게 있어서 사랑에 가득찬 믿음이란 하나님의 사랑에 대한 응답인 것이다.

바버(Barber)에 의하면 믿음은 '창조주 하나님에 대한 신뢰와 하나님의 은혜를 받아들일 자기 확신(self-confidence)'이다. 하나님과 은혜는 매우 추상적 개념으로 유아에게는 이해하기 어려운 관념이나 신뢰나 믿음은 유아의 이해를 벗어나지 않는다. 부모의 지속적이고 일관성 있는 돌봄이나 따뜻한 사랑을 통해 사람을 신뢰하고 믿고 따르도록 한다. 이러한 태도의 형성은 하나님을 믿고 따르는 신뢰를 위한 전단계라고 할 수 있다. 믿음은 특정한 일들이 매일매일 변함없이 같다는 인식을 갖는 것이다.[91] 예를 들어 아버지께서 매일 밤 성경 동화를 읽어 준다면 불안감이 사라지고 이 세상에 대한 믿음이 생기게

---

91) Barber. L. 유아를 위한 기독교 교육, 오태용역, 서울 : 정경사, 1993.

될 것이다. 유아가 이 세상과 주변 사람과 친숙해지므로써 의지할 수 있는 의존감이 생기면서 불안정한 마음은 사라질 것이다. 즉 자신을 둘러싼 바깥 세상의 인물이나 사물이 터무니없이 움직이는 것이 아니라 일정한 규칙이나 질서에 따라 움직이며 자신의 내부 세계도 또한 그러하다는 것을 느끼게 된다는 것이다. 이러한 상태를 에릭슨은 '외적 예측 가능성과 내적 확실성' (an inner certainly as well as an outer perdictability)이라는 말로 표현하고 있다. 이것이 바로 신생아가 처음으로 성취하게 되는 사회적 신뢰감이다.

【 생각해 볼 문제 】

1. 유아기의 신뢰감 형성이 하나님의 믿음과 어떤 관계가 있는가?

사랑하는 마음을 기른다.

사랑을 받은 자만이 사랑을 줄 수 있다고 했듯이 자기 자신만을 사랑함으로써 사랑의 완성을 기할 수는 없다. 사랑으로 하는 상호교통은 그리스도 안에서 회복된 하나님의 형상에 근거한 자연적 본분 뿐이다. 마태복음 5:43에 관한 해석에서, 모든 사람이 나의 이웃이라고 하는 '일반적 개념' 으로 온 인류를 포함하여 모든 사람들간에 '거룩한 교제가 있다고 칼빈은 확언한다.[92]

칼빈은 하나님과 이웃에 대한 사랑은 자기 부인을 통해서 이기적 사람이 완전히 제거되고 참된 사랑으로 하나님과 사람에 대하여 활짝 열려진 심령에서만이 일어날 수 있다고 하였다. 하나님과 사람에 대한 사랑은 자기 본인과 십자가 짊어지기의 열매인 하나님과 사람들에서의 겸손과 불가분하다.[93]

아이는 무엇이나 주는 대로 받아 자기 것으로 만들지만 받는 것 이상의 것은 줄 수 없다. 도로시 놀트의 '어떻게 살아야 하는가' 에서도 밝혔듯이 미움을 받으면 미움을 주고, 비웃음과 질투를 받으면 수치심이 생기고, 비웃음과 질투를 주지만 축복과 용서와 존경을 받은 자라면 남을 축복하고 용서하고 존경할 수 있다.[94]

정신분석에서는 신생아는 신체적 쾌, 불쾌의 경험을 반복하게 됨으로써, 쾌, 불쾌를 체험하는 주체로서 자기의 존재를 희미하게나마 의식하게 된다. 여기에 자기애(narcissim)라고 불리우는 상태가 생긴다. 말로 표현하자면「나의 욕망은 자연히 충족되기로 되어 있다」,

---

92) Wallace, P.9.
93) Ibid., p.154.
94) 신연식, 부모교육, 학문사, 1980, p.249.

「나는 누구에게도 사랑 받는 존재다」라고 말할 수 있다. 이 시기의 유아가 가족의 따뜻한 애정 속에서 자연스럽게 자기애를 체험한다는 것은, 장래에 자존심이나 자신을 발전시켜 나갈 수 있는 씨앗으로서, 건전한 인격이 만들어지기 위한 필수적인 요소라고 할 수 있다. 따라서 이 시기에 너무나 강력한 자기애의 좌절을 경험한 환영받지 못한 유아는, 성인이 되어서 뿌리깊은 자기혐오나 자존심의 결여가 여러 가지 인격 장애를 가져오게 된다. 그러나 너무나 지나친 자기애적 경향에 정착된 유아는 성인이 되어서 자기 잘난척하는 안하무인격인 성격이 형성될 수도 있다.

지나친 자기애적 경향이 있는 자기애자는 진정한 의미에서 타인을 사랑할 수 없다. 그들이 희구하는 것은 항상 타인으로부터 사랑을 받는 것이고 남을 사랑하는데 대해서 흥미를 가지고 있지 않기 때문이다.

유아들은 사랑의 상징으로써 돌보는 자의 마음으로부터 나오는 기쁨을 느낄 수 있도록 하는 것이 중요하다. 돌보는 마음을 지니도록 하는 한 가지 방법으로 인형을 아기처럼 돌보는 것이다. 또는 유아가 원하는 선물을 줌으로써 상대방과 자신이 함께 기쁨을 느끼고 서로의 눈을 마주치는 것도 둘 사이의 유대감을 보여주는 것이다. 이러한 마음이 믿음의 메시지를 주며 신뢰감이 누군가를 돌보는 것에 사용하며 점차 사랑의 마음을 지니게 된다.[95]

우리는 서로 사랑해야 한다. 가족이 서로 사랑할 때 하나님의 사랑을 이해할 수 있다. 그러므로 가정을 이루고 있는 부모 형제 자매들이 가슴으로 뜨겁게 서로 사랑하도록 끊임없이 도전 받아야 한다. 사도 요한은 "하나님은 사랑이시라. 사랑 안에 거하는 자는 하나님 안에

---

95) Thomson, J. National childhood. New York : Simon & Schuseer inc, 1995, p.194.

거하고"(요일 4:16)라고 부르짖었다.

어려서 부모로부터 사랑에 대한 것을 배울 기회를 갖지 못한다면 자기 자신에 대한 사랑의 관계성을 형성하는 데도 어려움을 겪는다. 이것이 종교적 발달이 이루어질 수 있는 첫 번째의 경험인 것이다. 어린아이가 사람에 대한 사랑을 알고 있다면 하나님의 사랑이 어떤 것인가를 상상할 수 있다. 부모가 아기를 사랑으로 감싸주고, 껴안아 주고, 어루만져주고, 기저귀를 갈아주는 행동은 하나님의 사랑의 구체적인 실례들인 셈이다. 부모는 유아에게 하나님의 사랑을 전달하고 있는 것이다.[96]

기노트(Ginott)는 "부모가 사랑을 전달하기 위해서는 감정을 표현하는 말, 분위기를 변화시키는 반응, 존경을 표시하는 대답과 같은 관용의 말이 필요하다. 부모가 보다 친밀하게 말을 하면, 이는 곧 그가 마음으로 하는 말이 된다."고 하였다.

하나님을 섬기는 것은 사랑의 행실이며 사랑의 표현이다. 사랑하는 이를 기쁘게 하려고 하는 것은 인정이며 사랑하는 이에게 관심을 기울이는데 큰 즐거움을 느끼게 되는 것이다. 즉 하나님의 부르심을 받았다는 것을 알며 창조주에게 자신을 바쳐 사랑의 관계를 가지고 이웃을 섬김으로써 하나님의 사랑을 보여주는 것을 말한다. 참된 자아는 오로지 우리로 우리 자신을 찾도록 하기 위하여 바치시는 하나님의 사랑의 빛 아래서 분명해지는 것이다.

프롬(Fromn)은 누군가를 사랑하기 위해 단순히 강한 감정만이 아니라 결정, 판단, 약속이 있어야 한다. 만일 사랑이 단지 나타났다 사라지는 감정이라면 약속을 토대로 하지 않는다. 사실상 사랑은 의지

---

[96] L. Barber, 유아를 위한 기독교교육, 모태용 역, 서울:지명사, 1989, p.62.

의 작용이며 헌신의 작용이다. 사랑을 할 수 있기 위해서는 인간은 이기심과 상반되는 자기 존중감 자기 사랑감이 있어야 한다.

'네 이웃을 네 몸 같이 사랑하라' 는 말씀처럼 자기 자신의 완전한 존중감과 사상이 요구된다. 프롬은 사랑은 대상과 자기 자신의 자아 사이에 연결이 있는 한 분리할 수 없다고 지적하였다. 순수한 사랑은 생산성과 돌봄, 존경, 책임과 지식을 나타낸다. 사랑은 긍정적인 삶, 행복, 자유감과 깊게 연결 되어 있다.

예수님께서는 너희는 마음을 다하여 하나님을 사랑하고 네 이웃을 네 몸과 같이 사랑하라는 계명을 통해서 동일한 의미의 말씀을 하고 계신다(마 22:37-39).

사랑은 다른 사람을 위한 깊은 감정을 포함한다. 사랑은 사랑하는 대상의 복지와 행복 그리고 발전에 관심을 나타낸다.

좋은 교육환경 등을 제공하는 것도 중요하지만 자녀들에게 자기가 부모님 마음 속에 특별한 자리를 차지하고 있다는 것을 느끼게 해주어야 한다.

신약에서는 도덕적 행위를 하는 것이 아름다운일 내지는 기쁜 일이 되는 것임을 여러 차례 이야기 하고 있다. 그리하여 도덕적 행위를 하는 사람에게는 무슨 일을 하든지 형통하고 무엇이든지 원하는 대로 이룩할 수 있음을 이야기한다. 인간이 어떠한 일을 하는데 옳고 그름을 알고 나아가 사랑으로 그것을 하는데 그에게 무엇이든지 더 해지고 하는 일에 평화가 따르는 것은 당연한 결과이다.

하나님의 무한한 사랑을 부모가 자녀에게 보여줄 때 자녀는 굳은 신앙적 자아 의식을 가질 수 있으며 "나는 하나님께서 사랑하시는 하나님의 자녀이다"라는 세상 어떤 권세도 꺾을 수 없는 신념을 가질 수 있다.

우리의 전인격으로 하나님을 사랑한다는 것은 우리의 모든 감정과 의지를 가지고 사랑함과 동시에 그를 생각하고 묵상하는 그를 나타낼 수 있는 지적 능력을 총동원하여 사랑하는 것이다. 하나님은 우리가 전적으로 그를 사랑하길 원하며 하나님만이 가치 의식과 자신감을 동반한 무조건적인 사랑을 우리에게 주실 수 있다. 세상은 무조건적인 사랑을 제공하지 못한다.

【 생각해 볼 문제 】

1. 사랑은 어떻게 배울 수 있습니까?

2. 하나님의 사랑을 보여줄 수 있는 방법은 무엇입니까?

3. 순수한 사랑이란 무엇입니까?

자기 자신을 존중하는 마음을 기른다.

자긍심은 '어느 날, 갑자기' 생기는 자기에 대한 견해도 아니며 몇 가지 특정된 극적인 경험에 의해서 결정적으로 영향받게 되는 개념도 아니다. 자긍심은 성장 발달해 나가는 과정 중에서 자신이 타인으로부터 분리되어 있는 존재이며 그의 신체와 그 자신이 지속적이고 항상적인 존재임을 발견하게 됨으로써 비롯된다. 유아의 연령이 더하게 되면서 그가 경험하는 크고 작은 일들은 언어적으로 표현되었건 아니건 간에 유아에게 직접 또는 간접으로 영향을 주게 되어 점차 '나' 라고 하는 실체에 대한 개념이 발달하게 된다고 볼 수 있다.

자긍심에는 소속감, 가치의식, 자신감의 느낌을 갖고 있다.

소속감은 자기를 사랑하고 용납하고 지원하는 사람들과의 일체감, 안정감을 갖고 있음을 뜻한다. 가치의식은 "가치 있는 사람으로 확신하는 것, 아낌을 받고 존중받는 존재임을 느끼는 것"을 뜻한다.

자신감은 성취감을 갖고 있고 자신을 유능한 사람으로 확신하는 것을 뜻한다. 자아 존중감이 높은 어린이는 이런 긍정적인 느낌을 갖고 있는 반면 자아 존중감이 부족한 사람은 자신이 매우 부족하며 무가치한 존재로 열등하다고 생각하며 사랑을 주거나 받는 데에도 어려움이 있으며 대인관계에서 방어적인 경향을 보인다.

이렇듯 자아 존중감은 개인의 행동을 결정하고 설명, 예언하는데 도움을 주는 중요 성격적 특성 중의 하나일 뿐 아니라 일상 생활을 영위하는 데는 물론이고 개인의 정체감 발달 및 자아실현을 성취해 나가는데 그리고 개인의 행복감에도 매우 중요한 영향을 미치는 심리적 변인이다.[97]

런드와 뮬러에 의하면 높은 자아 존중감을 가진 아동과 청소년을 정신건강 교육적 성공도가 높다고 하였으며 스멜은 직업 만족, 결혼 만족, 뛰어난 대처 능력과 관련이 있음을 밝혔다.

자긍심 즉 긍정적인 자아는 개인이 자신에 대해서 일관성 있는 판단으로서, 그가 속한 환경 내의 의미 있는 사람들과의 상호작용과 밀접한 관련이 있다. 영아기에는 환경과의 상호작용을 통해 자신이 다른 사람과 분리된 존재임을 인식하게 되고 기본적인 신뢰감이 형성되면 적극적인 탐색 활동을 한다. 영·유아기의 가족 관계가 바탕이 되어 유아의 자아 개념이 형성되기 시작한다. 시어즈(Sears)는 영·유아기에 온정적인 사랑을 충분히 받으므로써 후에 긍정적인 자아 개념을 형성할 수 있다고 하였다.[98] 쿠퍼스미스(Coopersmith, 1967)는 유아를 수용하고 존중하며, 민주적 양육 방법으로 자녀를 양육하면 자존감이 높고, 애정 결핍과 벌을 사용하는 경우에는 자존감이 낮았다고 하였다. 자존감이 높은 유아의 부모는 행동 범위를 적절히 제한하고 자녀에게 적극적인 관심을 갖는 것으로 나타났다.[99] 유아가 자신을 역량 있는 존재로 지각하면 환경에 적극적으로 참여한다고 하였다. 유아가 환경과 성공적으로 상호 작용할 수 있는 능력은 자아 존중감의 발달에 중요하게 작용한다.

자긍심 형성을 위한 부모의 역할은 다음과 같다.

- 자녀에 대한 온정과 수용, 존중감을 나타낸다.
- 자녀에게 관심을 보인다.
- 자녀를 위한 적절한 환경을 조성한다.

---

97) 박성희, op. cit., p.191.
98) Sears, R. Op. cit., pp.267-289.
99) Coopersmith, S. The antecedents of self esteem. San Francisco : W. H. Freeman, 1967, p.16.

- 제한된 범위 내에서 자녀의 자유를 허용한다.
- 부모-자녀간의 성공적인 상호작용을 할 수 있는 환경을 제공한다.
- 자녀를 대하는 데 있어서 일관성 있게 사랑과 성실성, 안정감을 나타낸다.
- 자녀에 대한 적절한 기대를 분명히 전달한다.
- 부모가 긍정적 자아 개념을 가지고 있다.

유아의 자긍심 형성은 부모의 반응과 행동에 의해 크게 영향을 받으며 특히 유아 자신이 판단하는 자신에 대한 성인의 생각에 의해 많은 영향을 받는다. 유아의 자긍심이 발달되면 다른 사람에 대한 존중감도 발달하게 된다. 유아는 다른 사람들이 자신의 소리에 귀를 기울이고, 흥미와 즐거움을 가지고 반응해 주며, 자신의 성취에 대해 인정해 줄 때 자신에 대해 좋은 느낌을 갖게 된다.

따라서 아이에게 자긍심을 길러 주기 위해서는

첫째, 먼저 아이를 존중해 주어야 한다.

부모는 아이를 사랑하지만 존중해 주지 않을 때가 있다. 아이를 존중하지 않는 부모들은 진정으로 그들의 소리에 귀를 기울이지 않는다. 아이들도 감정을 갖고 있다는 점을 인정하지만 감정을 수용해 주려고는 하지 않는다. 어떤 부모는 자랑스럽게 '나는 우리 아이를 한 번도 때린 적이 없어요'라고 말한다. 그러나 언어적인 공격도 아이의 자아 존중감을 해칠 수 있다. '이 멍청아, 너는 한 가지도 똑똑히 할 수 있는 게 없니?', '네가 내 아이라면 그런 짓은 하지 않아' "넌 도대체 머리가 있는 애니?', '또 엉망이구나', '넌 도대체 언제나 제대로 잘 할 수있겠니?' 이렇듯 어려서부터 '쓸모 없는 존재'라는 소리를 듣고 자란 어린이는 그들이 후에 성취하고, 성공한 후에도 자신이 쓸모 있는 사람인지에 대하여 의심한다.

둘째, 아이 그대로를 존중해 준다.
각각의 아이는 모두 다르고 이 세상에서 유일한 존재로 특별하게 하나님께서 만드셨다는 것을 인식해야 한다. 아이들은 이 세상에서 각기 다른 방법으로 행동하고 반응하는 것이다. 따라서 가족 중의 형제간에도 비교하거나 대비시켜서는 안 된다. 대부분의 부모들은 아이를 키우면서 어쩌면 형과 동생이 성격이나, 행동이 이렇게 다른가 하고 놀란 적이 가끔 있을 것이다.

셋째, 부모-자녀 관계에 있어서 정직성을 유지한다.
부모들은 그들의 한계를 인식하고 자녀와 자신에 대해 정직할 수 있어야 한다. 모든 부모들은 가끔 실수를 한다. 이러한 경우 부모의 잘못을 인정하면 아이들은 부모의 그러한 점을 받아들여 그들도 마찬가지로 정직한 태도를 취하게 된다.

넷째, 가족간에 서로에 대한 존중심을 갖는다.
존중심은 어떤 대상을 보고 모방하면서 형성된다. 가족 구성원, 친구, 이웃, 지역사회로부터 본보기의 역할을 위임받은 부모는 그들 자녀에 대해서 우리들이 받았던 것보다 더 나은 것을 줄 수 있어야 한다. 하나님을 섬기는 일, 노부모 모시는 일, 자원 봉사, 교회 활동 등도 모두 서로를 존중하는 역할을 보여주는 것이다.

다섯째, 과잉보호를 하지 말아야 한다.
유아를 과잉보호할 때 본의 아니게 유아의 자아존중감을 낮추어 버릴 수 있다. 아이가 원하면 무엇이든지 해주거나, 사주는 등 아이 스스로 할 수 있는 일이 없도록 매사에 챙겨주고 보호해 주는 것은 아이 스스로 할 수 있는 것이 없다는 무능감을 키워 줄 수 있으며 의존감만 형성하게 된다. 따라서 아이의 연령에 맞추어 스스로 할 수 있는 것은 유아 스스로 처리하도록 하는 것이 바람직하다. 스스로 일

을 해보는 경험은 유아의 독립심을 키우는 데에도 필요할 뿐 아니라 자신감을 갖게 한다.[100]

【 생각해 볼 문제 】

1. 자긍심의 의미는 무엇입니까?

2. 쿠퍼스미스가 제시한 자긍심을 길러 주기 위한 방안은 무엇입니까?

---

100) Dicksteim, E. & Poster, S., Self-esteem and Relationship with Parents, journal of Genetic Psychology, 133. 1978, pp.273-276.

자기 조절 능력을 기른다.

사람에게는 자신의 심령과 마음, 그리고 자기의 동료들과의 관계에서 무질서가 가장 두드러지게 나타나 있다. 사람은 하나님의 영광을 구하는 일과는 전혀 다른 일에만 관심을 갖는다(롬 11:36). 그의 마음에는 '영구적인 무질서와 무절제'가 나타나 있다. 거기에는 어떠한 절제도 전혀 없으며, 모든 감정들이 난폭한 충동과 더불어 그 한계를 지나쳐 폭발한다. 사람은 이러한 '무절제'에 빠지기가 아주 쉽게 되어 있기 때문에 사람이 보기에는 선하고 고상한 것으로 간주될 수 있는 그러한 감정들마저도 적절한 선을 결코 유지할 수가 없게 되고, 사람의 생활의 다른 측면들과 균형을 잃으므로 해서 부패하게 되고 만다.[101]

유아기의 자기 조절은 집착 단계에서 내면화 단계로 전환되는 시기이다. 자기 조절력을 발달시키기 위해 부모는 일상생활 가운데 유아들이 자기 조절 능력을 키우도록 교육을 통해 내면화 시키는 것이 필요하다.

부모는 따뜻한 돌봄과 일관성 있는 태도를 통해 유아와 긍정적인 관계를 형성하도록 한다. 유아의 감정을 이해하도록 도와주며 유아의 감정을 인정하고 감정을 긍정적으로 표현하는 방법을 알려준다. '네가 기다리는 것이 힘든 줄은 알아. 하지만 친구를 밀치기보다는 네가 기다리고 있으니까 빨리 할 수 있지 않겠니? 라고 말하는 것이 좋겠구나' 라고 사회적인 언어 기술을 가르쳐 주는 것도 자기 조절에 도움이 된다. 또한 부적절한 행동에 대한 규칙을 세워 놓아 집에서의

---

101) Wallace. R. S.. op. cit.. pp.139-140.

안전과 타인의 권리를 방해하지 않도록 하며 왜 특정 행동이 받아들여지고 혹은 받아들여지지 않는가에 대한 구체적인 이유를 설명하여야 한다. 감정의 조절과 통제는 자신의 행동을 자발적으로 주도하고 조절하는 자기 조절 능력이 이루어져야 한다. 플라벨(Flavell)은 "자기 조절은 행동의 의도 또는 계획을 시도하고 유혹적이기는 하나 금지된 행동, 상황에 대해 부적절한 행동을 의도적으로 억제하는 능력, 행동을 기다리고 유보하는 능력, 만족을 지연시키는 능력, 자기 관리 능력"이라고 하였다.[102]

부모는 어려서부터 자녀에게 감정의 조절과 통제를 위해서 자기 동기부여 능력과 능동적인 인내력을 키우는데 교육의 초점을 맞추어야 한다. 자기 동기부여 능력은 사람의 사회적인 성공과 밀접한 관계가 있으므로 삶에 대한 강한 희망과 성취 욕구를 길러 주는 것이 중요하다. 능동적인 인내력은 무조건 참고 견디는 힘이 아니라 상황을 인식하고 그 상황에 맞게 행동하는 능력이다. 충동을 조절하고 눈 앞의 이익을 지연시키고 자신의 기분을 제어함으로써 사고에 촉진을 가져올 수 있도록 하는 것, 실패를 겪더라도 보다 인내심을 갖고 몇 번씩 재시도하도록 자신을 동기부여 하는 것, 흐름에 이르는 길을 모색하여서 보다 효율적으로 수행하는 것은 감정의 조절과 통제에 중요한 훈련이다. 완전한 자기 억제의 결과를 칼빈은 음악의 한 표현을 빌려 우리 주님의 내면적 생활의 특징인 두 의지간의 긴장을 완벽한 통일과 조화를 이루는 긴장으로 묘사하였다.

"음악의 소리들이 비록 서로간에 각양각색이기는 하지만 좋은 멜로디와 화음을 낼 수 있을 정도로 결코 불협화 하지 않는 것처럼 그

---

[102] 김미경, 세계화에 부응하는 감성 교육의 의미와 실제, 총신 대학교 유아교육 연구회 2차 학술대회, 1997, p.63.

리스도에게는 신적의지와 인간적 의지등 두 의지간에 현저한 적응에 실례가 있어서, 그 의지들은 충돌이나 적대가 없이 서로 달랐던 것이다."[103]

"칼빈은 절제를 언급할 때 흔히 겸손을 일컫는다. 이는 우리의 모든 반사회적 열정들과 교만한 자기의지를 절제하고 다른 사람들에게 복종하는 능력이 참된 기독교 윤리를 이루는 모든 겸손과 사랑의 기초이기 때문이다.[104]

출생시 아이들은 옳고 그름에 대한 관념이 없다. 본능에 따라 행동하는 것이지 판단을 통해 가치를 선택하지 못하기 때문이다. 그러다가 벌이나 보상을 통해 자기 조절이 나타나게 되며 벌이나 보상이 일관성을 갖지 못하면 자기 조절 발달을 저해할 수 있다. 동일시 단계에서는 자기가 좋아하고 따르는 사람의 행동을 그대로 따라 하거나, 말을 따르다가 점차적으로 유아 스스로 자신의 믿음과 가치에 대한 논리적인 전개에 따라 사회적으로 기대되는 행동을 수행했을 경우 그 행동은 내면화된 것이며 이러한 내면화가 바로 유아의 자기 조절을 의미한다.

유아의 자기 조절력의 근원이 성인과 유아간의 협동적인 문제 해결 과정인 외부적 요인으로부터 출발하여 사회적 상호작용 과정에서 사용된 의사 소통 기제의 매개에 따라 유아의 내면화 과정 중의 자기 조절 발달을 유도하는 것이다. 이로써 부모가 제공한 상호작용 방법의 효율성이 유아의 자기 조절력 발달에 선행 요건이 됨을 알 수 있다.

부모와의 사회적 상호작용의 측면에서 부모의 언어사용과 양육은

---

103) Wallace, R. S. op. cit., P.271.
104) Ibid., P.226.

2세 유아의 순응과 연관이 있으며 부모의 기대는 유아의 지연 능력과 관련성이 높음을 나타낸다.

사회적 지식의 내면화는 처음에는 개인간 정신 과정으로 나타나다가 차츰 개인 내 정신 과정으로 변화하는 과정에서 다른 정신적 기능이 함께 발달하는데 그 대표적인 예가 만 2,3세에 나타나는 자기 조절적 사고라고 볼 수 있다. 자기 조절적 사고는 유아기에 나타나는 인지 발달의 핵심적 표시이다. 그러므로 개인내 정신과정 발달의 증거로서 자기 조절 사고의 근원을 상호작용의 문제 해결 과정에서 제공되는 성인과 유아, 즉 개인간 정신과정인 타인 조절에서 찾을 수 있다 하겠다.[105]

부모와 유아의 사회적 상호작용에서 복잡한 문제를 해결할 때 처음에는 주도적이고 조직적인 기능을 하는 성인과의 협력을 통해 과제가 수행되나 점차 유아가 지식과 기술을 많이 가짐으로써 부모로부터 과제에 대한 목표 지향적이고 계획적인 측면을 이어받게 되는 것이다.

따라서 코스텔닉(Kostelnik)이 여러 학자들의 제안을 수집 정리한 자기 조절을 위한 가르침을 살펴보면[106]

① 부모는 유아와 긍정적인 관계를 형성하도록 한다.
② 부모는 유아의 긍정적 감정 뿐 아니라 부정적인 감정도 수용하고 인정하며 긍정적인 방법으로 표현하도록 가르친다.
③ 부모는 유아의 바람직한 행동을 격려해 주고 칭찬해줌으로써

---

105) 한은숙, Vygotsky 이론에 의한 성인과 유아의 상호작용과 유아의 문제 해결과의 관계, 중앙 대학교 박사 학위 청구 논문, 1996, p.14.
106) Kostelnik, M. J. Promoting children development of self-discipline throughout childhood, 한국 유아교육 협회 창립 30주년 기념 워크숍, 1996, pp.5-13

조장한다.
④ 부모는 유아가 모방하기를 바라는 행동을 시범으로 보인다.
⑤ 부모는 유아의 부적절한 행동에 대해 엄격한 제한을 한다.
⑥ 부모는 유아에게 왜 특정 행동이 받아들여지고 받아들여지지 않는가에 대한 구체적인 이유를 설명하여야 한다.
⑦ 부모는 유아의 자기 조절이 필요한 경우에는 개입을 해서 말과 행동을 동시에 사용한다. 예) 동생을 때리는 형의 손을 잡고 눈을 쳐다보며 강한 어조로 화가 나도 때리는 행동은 해서는 안 되며 말로 해야 함을 단호히 말한다.
⑧ 부모는 유아가 가정 내의 규칙을 정하는데 참여시킨다.
⑨ 부모는 언어 표현의 사회 기술을 가르친다.
⑩ 부모는 유아가 협동하고 의견을 나누고 친구와 어울리는 기술을 학습하도록 돕는다.

【 생각해 볼 문제 】

1. 자기 조절의 의미는 무엇입니까?

2. 자기 조절에 도움을 줄 수 있는 방법은 무엇입니까?

3. Kostelnik이 여러 학자들이 제안한 자기 조절을 기르기 위한 방법은 무엇입니까?

순종하는 마음을 기른다.

기독교적 삶의 변화는 지식적 내용의 수용과 함께 하나님에 대한 신뢰가 있다고 할지라도 부르심에 순종하는 삶이 없이는 진정한 기독교 신앙의 삶이 존재하지 않는다는 것이다. 그러므로 그리스도 안에서 하나님 나라의 성취에 순종하는 기독교 신앙은 하나님의 뜻을 행하는 것을 포함하고 있어야 한다. 즉 하나님의 뜻과 예수 그리스도를 향한 믿음의 반영으로 나타나는 순종이 있어야 기독교적 삶을 형성하고 있다고 할 수 있다.[107] (약 2:14-18, 24, 28)

마태복음 21:31에 주님께서 '누가 아비의 뜻대로 하였느뇨' 라고 물으셨다. 이 질문의 뜻은 누가 순종하여 믿는 사람이냐 하는 것이다. 즉 사람들은 '권세' 에 대하여 관심이 있지만, 하나님은 '순종' 에 관심이 있다는 말이다. 순종이야말로 주님이 원하시는 것이다. 최덕훈에 의하면 순종은 첫째, 오늘 순종하면서 주님을 기쁘게 하며, 둘째는 '예' 라 대답하고 일하거나, '아니요' 라 대답했더라도 뉘우치고 일해야 한다. 뉘우치지 않는 행위는 매우 곤란한 일이다.

주님의 도를 믿고 순종해야 한다. 그리스어에서 나온 말인 '순종' 이란 '명령' 을 가리킨다. 즉 '듣고 따르는 것' 을 의미한다. 성경에 이르기를 부모들은 자녀들에게 무엇을 할 것인가를 가르쳐야 할 뿐 아니라 그들의 가르침에 자녀들이 순종하도록 하고 있다. 이것은 하나님에 대한 순종을 배우는 준비단계로서 자녀들은 부모에 대한 순종을 배워야 한다.

다몬(Damon)에 의하면 유아기의 권위에 대한 복종이 0-2세 시기

---

107) 정훈택, 신약에서의 기독교 윤리와 그 의의, 부산 : 에베소서원, 1990, p.84.

에는 권위자의 지시와 자신의 희망이 분리되어 있지 않은 상태로 권위자의 기대에 맞추어서 자신의 소망을 갖거나 아니면 자신의 소망에 맞추어서 권위자의 기대를 왜곡하게 된다. 복종의 근거는 권위자의 요구와 자신의 욕구간의 단순한 연상에서 주어진다. 애정, 욕구, 자아동일시 등을 바탕으로 권위의 개념이 형성된다.[108]

2-7세시기에는 권위의 개념이 개인의 신체적, 물리적 특성에 의해서 이루어진다. 유아들은 권위자의 요구와 자신의 소망 사이의 잠재된 갈등을 인지하고 실용적인 측면에서 복종을 생각한다.

그 이후에 복종은 사회적, 신체적 위력에 대한 존경을 바탕으로, 상호호혜적인 교환을 바탕으로 자발적인 행위를 통해 벌을 피하기 위한 복종과 자발적이고 협동적인 복종을 구별하게 되며 권위는 분담적이고 협의적인 관계로 간주된다. 사람들 가운데는 아무 사람도 회피하려고 해서는 안 되는 멍에, 곧 '복종의 보편적 관계'가 있다. 칼빈은 더 나아가 복종에는 '예속'이 포함되는 것으로 하나님께서 남편과 아내, 부모와 자녀, 상사와 부하간을 아주 밀접하게 결속시켜 놓았기 때문에 아무도 복종을 면하려 해서는 안 된다.

칼빈은 자녀가 부모를 멸시하는 것은 신성모독이라고 하였다. 설사 부모가 개인적으로 그 존귀를 받을 가치가 없다 할지라도 "자연의 영구적 법칙은 사람의 죄들로 말미암아 뒤집히지 않는다. 그러므로 아무리 어떤 아버지가 존경을 받을 가치가 없다 할지라도… 그가 아버지이신 한에는 그는 여전히 자기의 자녀들에 대하여 부권을 가지고 있는 것이다."

"네 부모를 공경하라 그리하면 너의 하나님 나 여호와가 네게 준

---

[108] Damon, W. The socialh World the child. San Francisco : Jossey-Bass Publishers, 1979.

땅에서 네 생명이 길리라"(출 20:12)
 순종의 요구가 맹목적 순종이 아니라 주 안에서 부모에게 순종해야 한다는 것이다. 달리 말해 부모들도 하나님의 최고의 권위 아래에서만 자기 자녀들을 다스린다는 것이다. 바울이 자녀들에게 그들의 부모들을 '주 안에서' 순종하라고 권면할 때 그가 의미하는 바는 "만일 아버지가 불의한 것을 명할 경우에는 그에게 순종이 자유롭게 거부될 수 가 있다. 그러나 하나님에게서 하나님의 권리를 박탈하지 않는 한 용납되어야 한다."
 반항 또는 불복종한다는 것은 대상이 있으며 가정에서의 대상은 부모다. 복종 또는 순종하는 대상도 마찬가지다. 유아가 부모에게 순응하고 그들의 지시를 따르는 것은 매우 당연하고도 자연스러운 일이다. 그것은 일종의 '적응'이기 때문이다. 한 유아가 태어난 후 부모에게 순응해 가는 과정을 보면 출생 후 몇 달 동안은 부모가 요구하는 대로 따르지 않으면 안 된다. 먹는 것, 입는 것, 외출하는 것, 잠자리에 드는 것 등 영아의 의도에 의해서 스스로 행동할 수 있는 것은 별로 없다. 그동안 부모의 요구는 주로 행동에 의해서만 주어지지만, 그것이 서서히 언어에 의한 요구로 변화된다. 우유병을 입에 대주는 대신에 "먹어라"로 침대에 누이는 대신에 "자라"로 바꾸는 것이다. 그런데 정상적인 경우 유아는 이런 언어적 지시에 대해 복종하는 것을 아주 자연스럽게 학습한다. 왜냐하면 복종과 순응이 자기에게 만족을 주고 부모의 인정을 받을 수 있는 행동이기 때문이다. 그러나 이렇게 복종과 순응을 학습해 감과 동시에 유아에게는 '자율 욕구'가 싹트기 시작한다. 그것은 대체로 2-4세부터 강하게 나타나는 것으로 알려져 있다. 반항 및 불복종은 바로 이 자율 욕구의 표현인 것이다.[109]

유아의 반항, 불복종에 대하여 많은 부모들은 곤란을 느낀다. 그래서 무조건 유아를 억누르고 윽박지르고 벌을 줌으로써 '착한 유아'를 만들고자 애를 쓴다.

이러한 방법을 통한 무조건 복종, 순응한다는 것은 결코 바람직한 것은 아니다. 무조건적인 복종이란 자아의 상실을 의미하며 그러한 유아는 장래에 자율적 인간으로 성장하기 어렵기 때문이다.

이렇듯 순종하지 않고 반항하고 불복종하는 것은 타인의 지시에 대한 반작용으로 본래 기질적으로 갖고 있다기보다는 반항적 행동을 하도록 환경의 영향을 받기 때문이다. 반항과 불순종을 일으킬 수 있는 부모의 태도나 행동을 알아보면

지나친 규제를 하는 부모

이러한 태도는 완벽주의적인 사고방식에서 나오는데 유아가 부모의 기준이나 요구로부터 조금만 어긋나도 규제를 가하거나 벌을 주는 것이다. 이러한 부모는 자녀 양육에서 즐거움을 느끼지 못하는데, 그 이유는 자기가 요구하는 기준이 너무 엄격하여 유아가 이를 지키기는 거의 불가능하기 때문이다. 부모는 유아의 행동이 자기의 기준에 도달하도록 만들기 위해 위협, 협박, 벌 등의 방법을 사용하는데 결국 유아는 무조건적인 복종자 아니면 반항자가 되어야 하는 양자택일의 입장에 놓인다.

---

109) 신연식. 어린이의 문제와 지도, 서울 : 학문사, 1985.

지나치게 허용하는 부모

지나친 허용과 방임은 유아가 순응과 복종의 필요성을 배울 수 있는 기회를 박탈한다. 때때로 그릇된 부모 교육을 받아서 자유 방임이 자녀 교육의 원리라고 믿고 자녀에게 '안돼' 라는 금지나 규제를 절대로 하지 않는 부모가 있다. 그러나 이러한 태도는 자녀의 성장에 별 도움이 되지 않는다. 비록 집안에서는 자기의 모든 요구가 그대로 만족될 수 있어도, 교회나 유치원에서는 그럴 수 없기 때문이다. 사회생활을 순조롭게 하기 위해서는 욕구 만족을 연기할 줄도 알아야 하고, 주어진 규칙이나 규제에도 복종할 줄 알아야 한다. 가정에서 지나치게 허용적으로 자란 유아는 부모의 지시를 따르지 않고 멋대로 행동하기 쉬우며, 남들의 규제에 대해 강한 반항을 나타낸다.

일관성 없는 태도

유아의 행동에 대해서 규제하거나 허용하는 것에 어떤 일관성이 없이 왔다 갔다 할 때 유아는 혼동을 일으킨다. 즉, 부모가 무엇을 원하고 무엇을 금지하는지 알 수가 없는 것이다. 교회나 집에서 떠드는 것이 어제는 허용되고 오늘은 금지되기도 하는데 유아가 그러한 차이의 이유를 이해하지 못한다면 부모에 대해 실망, 좌절, 분노 등을 느낄 수 있다. 결국, 그는 상황에 따라 적절히 다르게 행동하는 원리를 배우지 못하게 되고, 또한 부모에 대한 나쁜 감정 때문에 순종보다는 불복종 행동을 하게 된다.

부모간의 상반된 행동

이것은 불복종을 야기시키는 가장 흔한 경우일 것이다. 예를 들어 엄마는 유아에게 잠을 자라고 하고 아빠는 계속 놀아 주는 경우이다. 혹은 엄마는 장난감을 안 사주려고 하는데 아빠는 장난감을 사주는 경우이다. 물론 유아에 대해 모든 사람이 똑같은 태도와 행동을 보일 수 없다. 그러나 부모간에 전혀 상반되는 태도와 행동을 자주 보일 때, 유아는 혼란을 일으키고 자신의 욕구를 성취시키려고 부모 사이를 왔다 갔다 하며 자기의 욕구를 들어주는 사람에게는 복종하지만 그렇지 않은 사람에게는 불복종하는 셈이 된다.

유아는 자기 중심적이기 때문에 자기 마음대로 한다. 남의 말을 듣고, 순종할 수 있는 나이는 4, 5세경 부터이다. 그런데 나이가 든 아동 가운데도 어른의 말을 조금도 귀담아 들으려고 하지 않고 순종하지 않는 어린이가 있다.

유아가 순종하지 않는 것은 가정 생활과 부모의 태도에 원인이 있다. 가정 생활에 엄한 규칙이 있고, 가족들이 시간관념이 없으며, 일을 하는데도 이랬다 저랬다 일관성이 없기 때문이다. 이런 환경의 어른들 밑에서 자란 아동은 어른들을 신뢰할 수 없게 된다. 그래서 그들을 따르고 싶은 마음이 희박해지는 것이다. 뿐만 아니라 마음이 약한 부모, 자신이 없는 부모는 자녀에게 자기가 명령한 것을 단호하게 실천하도록 훈련하지 못한다. 이런 어머니는 자녀를 순종하게 하는 것보다 처음부터 잔소리와 불평, 혹은 불신으로 끝나기 쉽다. 그렇기 때문에 자녀는 부모의 말을 무시하게 된다.

【 생각해 볼 문제 】

1. 순종의 의미는 무엇입니까?

2. 순종을 가르칠 수 있는 부모의 태도는 무엇입니까?

이타심을 기른다.

　최근에 학자들은 '친 사회적 행동'이라고 부르는 행동의 근원에 대해서 탐구하기 시작했다. 친 사회적 행동이란 일반적으로 이타주의로 알고 있으며, '행위자가 외적인 보상을 기대하지 않고서 사람들에게 도움 또는 이익을 주려고 하는 행동'으로 정의된다. 이타주의라는 용어를 최초로 사용한 콩트(I. A. Comte)는 인간이 남을 돕는 행동 중에 자기 보존 동기가 내재한다고 보고 이를 '자기 이익, 자기만족 이기주의'라고 명명한 바 있다. 이와 동시에 그는 '타자를 위해 살려는' 비이기적인 욕구가 남을 돕는 행동으로 표현되기도 한다고 보았다.[110]
　1970년대에 들어서면서 사회 심리학자들과 발달 심리학자들에 의해 이타 행동에 관한 논의는 새로운 차원에서 전개되기 시작하였다. 이들은 이타주의의 존재에 대한 의문을 새롭게 부각시켰으며 이타주의가 존재한다는 증거를 여러 방면에서 수립하여 타인의 고통에 대한 공감적(empathy) 정서 반응과 관련하여 남을 돕는 동기가 이타적일 수 있음을 제시하고 있다. 이타심이란 친절, 관대, 친밀감 등을 포함한다.
　15개월에서 24개월의 유아들이 다른 사람들의 고통스러운 감정들, 즉 분노, 두려움, 슬픔, 피로 등의 감정에 대해 어떻게 반응하는지를 관찰한 결과, 자신이 그런 나쁜 결과를 일으켰을 경우 상대방을 위로하고 도와주고 장난감을 주는 등의 행동을 보였다. 이러한 이타적 반응은 어린이 개인에 따라 많은 차이를 보였는데 이것은 어머니

---

110)　박성희, op. cit., p191

의 반응이 어린이에게 영향을 미치고 있기 때문으로 지적되었다.

즉 어머니의 정서적인 반응이 어린이의 이타적 행동에 크게 영향을 주어 아이들이 다른 사람과 물건을 나누어 쓰거나, 도와주거나, 위로하는 등의 행동으로 나타나게 된다는 것이다.[111]

이타주의적 아동은 '지적 추론'이 발달되어 있으며, 다른 사람의 입장을 받아들일 수 있다. 그들은 또한 비교적 활동적이며 자신감에 차 있다. 그들은 어떻게 해서 이렇게 되는가? 여러 연구의 결과가 가정을 지적하고 있다. 이타적인 행동을 보이는 아동의 가정에서는 부모들이 이타적인 행동의 표본을 보여준다. 이러한 부모는 자녀들이 행동을 잘못했을 때 유아에게 이유를 말하게 하고 다른 사람의 감정과 그들 자신의 것을 생각해 보도록 격려한다. 이타적인 부모들은 자녀에게 정직할 것과 남을 돕는 일에 대한 분명한 기대를 갖고 있다. 그들은 자녀에게 어릴 때부터 다른 형제들에 대한 책임감을 부여했고 그러한 것은 결국 좋은 결과를 가져온다는 것을 강조하였다.

이타적인 행동을 많이 보이는 어린이의 어머니는 다른 사람의 좌절에 대해 단순히 인지적 규명만을 하는 것이 아니라 강하게 감정적으로 반응하고 사회적으로 책임있는 행동을 일깨운다. 또한 자신의 아이들의 요구에 민감하게 반응하고 위험이나 어려움을 잘 예측하는 '감정이입적 관심과 보살핌'의 특성을 보인다. 감정이입(Empathy)이란 무의식적으로 때로는 강하게 다른 사람의 정서적 상태를 경험하는 것으로 정의한다. E. B 티치너에 의하면 감정이입은 타인의 고통에 대해 일종의 신체적인 모방에서 연유한 것으로 자기 자신 내에 그와 동일한 감정을 일으키는 것을 의미한다. 따라서 아이에게 "그럼 못써!" "하지

---

111) 차경수 외 2인, 유아 사회교육, 서울 : 학문사, 1997.

마"라고 말하는 것보다 "네가 그러한 행동을 하면 저 애 마음이 얼마나 슬프겠니?"라는 식으로 자신의 잘못 때문에 다른 사람이 겪게 되는 고통에 주목하도록 훈련받을 때, 아이들은 보다 많은 감정이입을 보이게 된다. 또한 아이들의 감정이입은 제3자의 고통에 대한 상대가 어떻게 반응하는지를 관찰하는 과정에서 형성되기도 한다.[112]

슈츠에 의하면 친밀감은 수용된다는 느낌과 통제된다는 느낌이 분명할 때만 가능하다. 이타심은 자기 자신이 중요하다는 신념에 의해 이루어질 수 있다. 만일 유아들이 개인으로서 중요하며 인정을 받고 있다고 느낀다면 다른 사람들에게 지지와 도움을 줄 수 있을 것이다. 친절은 자신의 능력에 대한 자신감에 의해 좌우된다. 만일 유아 자신이 타인에게 영향을 줄 수 있고 사회적인 일에 긍정적인 영향을 줄 수 있다고 생각한다면 더욱 친절을 제의할 것이다.

겸손한 태도와 온유한 마음을 기른다.

남들을 지배하려는 분노와 관계된 고질적인 적대감과 교만은 영적인 성장에 필요한 겸손의 태도와 온유한 마음가짐과는 대조가 된다. 분노는 개인의 성장을 방해할 뿐 아니라 영적인 성장에 필요한 건전한 충고까지도 거부하게 만든다.

생득적으로 아기를 화나게 하는 요소에는 여러 요인이 있다. 배가 고파서 우는데 어머니가 얼른 나타나지 않는다거나 기저귀가 젖어서 축축한데 갈아주지 않는다거나 졸릴 때 아기는 몹시 화를 낸다. 또

---

112) Goleman, D. Emotional Intelligence. Brockman, Inc. 1985, pp. 208-209

화가 나서 울면 대개는 성인이 와서 돌보아 주기 때문에 후천적으로 성인의 주목을 끌기 위한 수단으로 분노가 발달되는 경우도 있다. 좀 더 자라면 가지고 싶은 것을 빼앗거나, 하고 싶은 말을 못하게 해도 화를 내고, 계획이 좌절될 때에도 화를 낸다.

성경은 격분과 분개와 의분을 설명할 때 서로 다른 용어들을 사용하고 있다. 신약 성경에서 분노를 가리킬 때 가장 많이 사용하는 두 낱말은 '튀모스' 와 '오르게' 이다. '튀모스' 는 난폭한 흥분, 분통을 터뜨린 혹은 격분을 의미한다. '오르게' 는 복수를 노리고 오래 지속되는 분노의 태도를 가리킨다. 세 번째 단어는 '아가나크테시스' 인데 '의분' 으로 번역되며 부당한 행동이 없는 분노를 뜻한다. 그 표현이 어떻게 나타나든지 간에 분노는 언제나 강력한 감정으로 경험된다. 분노는 정상적이고도 보편적인 인간의 감정이다. 예수님도 분노의 감정을 많이 표현하셨다. 마태복음 23:13-36에서 예수님께서는 서기관들과 바리새인들을 외식하는 자들이라고 하셨다. 그는 그들을 회칠한 무덤에 비유하셨고 그들에게 탐욕이 가득한 자라고 말씀하셨다. 의분도 분노이며 사람들이 우리에게 부당하게 행할 때 우리도 이와 같은 분노를 품을 수 있다. 그 다음에 에베소서 4:26에서 우리는 분을 내어도 죄를 짓지는 말라는 명령을 찾아 볼 수 있다. 어떤 사람이 당신을 노하게 하거나 불안하게 만든다면 그의 행위의 그면을 그에게 말해 주는 것은 좋은 일이나 그에게 상처를 입히거나, 해를 주어서는 안 된다. 표현을 통하여 그것을 처리함으로써 그것을 털어 놓아야 한다.[113]

예수님께서는 바리새인들이 성전과 하나님 아버지의 말씀을 모독

---

113) Mark. P. Cosgrove, Counseling for Anger, Texas : Word Book Publisher, Volume16 of the Resources for christian counseling selies, 1988, pp.38-39.

했을 때 의분을 나타내셨다. 그러나 그의 삶은 오래 참으시고 온유하시며 용서하시는 모습으로 특징지워졌다. 그는 하나님 아버지께서 맡겨주신 일을 이루시며 매사에 본을 보이셨고 본질적인 것들에 초점을 맞추고 사셨다. 그는 자신의 권리와 특권을 양보하셨고 사람들과 사건들을 넓은 안목으로 대하셨다.[114]

많은 유아들은 그들이 무엇을 할 수 있고 무엇을 할 수 없는지에 관해 엄격한 규칙을 가진 가정에서 자란다. 예를 들어 친절하게 말하지 않으면 아무말도 하지 말라고 한다. 그리고 화내는 것이 좋지 않다는 것을 어린 시기에 배운다. 가족들과 살면서도 분노를 내부에 넣고 닫아 버려야 한다. 이러한 육아 양육 방법의 문제는 결국에는 분노가 폭발하고, 건강을 해치고, 아무 곳에서나 화남을 발산한다는 것이다. 따라서 인간적이고 부드러운 훈련은 어떻게 화남을 건설적으로 표현하는가? 다른 사람과 어떻게 대화해야 하는가? 등 효과적인 방법으로 표현하는 것을 가르치는 최선의 방법이다. 그러기 위해서는 첫 번째 단계는 화남이 일어나는 것을 포장하는 마스크를 벗어버리고 실제로 어떻게 느끼는지를 다른 사람이 알게 하는 것이다. 화남을 나타내는 것이 욕을 하거나, 비난하거나, 다른 사람을 공격하는 언어적 학대를 위한 기회가 아니라 오히려 내부 안에서 일어나는 화남과 고통과 상한 감정을 "내 생일을 잊어버려서 마음이 상해"와 같은 언어적 표현을 통해 다른 사람에게 내보임으로써 이해와 받아들임을 받을 수 있도록 한다. 또한 자신의 생각과 감정과 느낌을 말로 해보거나 글씨를 쓸 줄 알면 적어 보도록 하는 것도 도움이 된다. 자녀들에게 화를 내지 말라고 해서는 안 된다. 그들이 결코 화를 내서

---

114) Millard Sall, op. cit pp. 113-115

는 안될 것으로 기대하는 것은 부당한 일이다. 어느 연령층이든 간에 화를 내는 것은 아주 정상적인 일이다.[115]

인간은 대부분 분노의 생리적 신호를 인식한다 : 얼굴이 붉어지고, 숨이 무거워지고, 땀이 나기 시작하거나 배가 아프기 시작할 것이다. 그러나 진리는 인간의 화남은 사고에 의해 사람 또는 상황을 어떻게 생각하느냐에 의해 조정된다. 사고를 통해 자기 자신을 보다 적게 화나게 할 수 있다.

예를 들어

(화를 증진시키는 사고) : 우리 엄마는 토요일 오후에도 공부를 하라고 하는 지독한 사람이다.

(화를 가라앉히는 사고) : 우리 엄마는 다른 엄마와는 달리 토요일 오후에도 내가 공부하도록 관심을 보여주시는 사람이다.

화남을 온유함으로 바꾸는 것은 첫째, 자기 자신을 바라보고 화남에 대해 책임을 지는 것이며 둘째, 마스크를 벗어 던지고 진실을 드러내며 자신이 원하고 필요로 하는 것을 다른 사람이 이해하도록 원함과 필요를 어떻게 표현하는가를 학습하는 것이다.

셋째, 온유는 피부 접촉을 통해서 느끼게 해준다.

넷째, 온유는 마음과 마음의 접촉을 통하여 느끼는 것이다.[116]

성경은 '유순한 대답이 분노를 쉽게 한다'고 했고, 우리 격언에는 '말 한 마디로 천냥 빚을 갚는다'는 말이 있다. 온유한 마음에서 나오는 부드러운 말은 인간의 마음을 움직일 수 있다. 폭력이나 무력이

---

115) Barry Glick and A. P. Goldstein, "Aggression Replacement Training", "Journal of Counseling and Development 65 (March 1987)", pp.356-362.
116) 신연식, opicit., p.102-103.

할 수 없는 일을 할 수 있다는 것이다.

굿이너프(Goodenough)에 의하면 일반적으로 분노가 가장 빈번하게 표현되는 나이가 1.5세이며 그 이후에는 사회적 적응력이 발달함에 따라 차차 줄어든다고 한다. 분노를 느낄 때는 양손에 피가 몰려서 무기를 쥐거나 적에게 주먹을 휘두르기가 쉬워진다. 이때 심장 박동수가 증가하고 아드레날린과 같은 호르몬이 쏟아져 나와 과격한 행동을 일으키기에 충분할 정도의 에너지 파동이 만들어진다.

행복하고 온화한 사람에게 볼 수 있는 주요한 생리적 변화로는 부정적 감정을 억제하고 사용한 에너지 양의 증가를 촉진시키는 두뇌 중심부의 활동이 활발해진다는 것과 불안감을 촉진시키는 부분은 저하된다는 사실이다. 그러나 평정 상태가 되는 것 이외의 두드러진 변화는 나타나지 않는다. 이것은 신체가 혼란스러운 감정이라는 생리적 흥분 상태에서 재빨리 회복하도록 하기 위해서이다. 이러한 상태에 처했을 때의 신체는 전반적인 안정성을 보이며 여러 가지 일이나 목표를 향한 의욕으로 가득 차게 된다. 존 버울비나 D. W. 위니커트는 감성적으로 안정된 아이들은 어른이 자신들을 돌볼 때 그러하듯 스스로를 위로할 줄 알고, 감성 두뇌가 격동에 휩쓸리지 않도록 조심한다고 한다.

타이스는 분노 상황을 긍정적으로 재 구조화 할 것이 분노를 가라앉히는 가장 강력한 방법의 하나임을 발견하였다.

질맨은 분노의 해부학적 분석 결과를 통해 분노를 조절하는 두 가지 방법 중의 처방을 내놓았다. 그 하나는 분노를 폭발하게 만든 사고를 파악하고 이에 적절하게 도전하는 방법이다.[117]

두 번째 방식은 향후 더이상의 분노를 자극하는 사건은 없는 것으로 보이는 장소에서 흥분 호르몬이 사라지기를 기다리는 가운데 생리적인 평정을 찾은 방식인 것이다. 이는 과열된 상대방으로부터 잠시 떨어져 있는 것을 의미한다.

산책, 심호흡이나 적당한 운동을 통해 근육을 이완시키고 신체 생리를 고도의 분노에서 낮은 흥분 상태로 바꿔주고 그럼으로써 주의력이 화나는 일에서 다른 데로 향하게 하는 계기가 되기 때문이다. 마지막으로 자기를 화나게 만든 사람을 용서해야 한다. 용서하기 위해서는 겸손한 태도, 온유한 마음이 필요하다. 겸손은 자기 중심적인 분노의 태도와 반대가 된다. 용서하기 위해서는 먼저 인간관계를 개선하고 상대방에게 유익을 주며 인격적으로 성장시키려는 의욕이 있어야 한다.

씨메즈(Semedes)는 용서는 다음과 같은 긍정적인 결과를 가져다 준다고 하였다.

첫째, 용서는 자기분노로부터 자유케 하고, 죄책감으로부터 벗어나게 해준다.

둘째, 용서는 자기과거의 삶에서 경험한 고통을 잊게 해주고 또한 남들이나 과거에 속한 일들을 교묘하게 지배하려는 태도에서 자유케 해준다.

셋째, 용서는 인간관계를 회복시키고 화목하게 해준다.

넷째, 용서는 분노가 점차로 사랑하는 사람에게로 억울하게 전이될 수 있는 가능성을 줄여준다.[118]

이렇듯 화가 나는 것은 정상적인 신체적 반응이지만 화를 부정적 방법으로 바깥으로 표출하기보다는 이완시키고 가라앉히고 용서함

---

117) Goleman, D. opicit. p.134.
118) Lewis B. Smedes, Forgive and Forget : Healing the hurts we don't deserve(New York : Harper and Row, 1984).

으로써 스스로 자신을 통제하고 다스림으로써 온유함을 어려서부터 키워 주어야 한다.

【 생각해 볼 문제 】

1. 이타심이란 무엇입니까?

2. 이타적인 행동을 증진시키기 위해 부모가 해야 할 일은 무엇입니까?

3. 온유함을 기르기 위해 분노를 달랠 수 있는 방법은 무엇입니까?

평화로운 마음을 기른다.

평화란 '고요 또는 조용한 상태, 즉 시민 동요로부터 해방된 법 상태'로 정의된다. 갈퉁(J. Galtung)은 평화를 소극적 평화(negative peace)와 적극적 평화(positive peace)로 구분하였다. 소극적 평화는 전쟁과 폭력이 없는 상태, 즉 공공연하고 집약적인 폭력사용이 부재하는 상태를 뜻하며, 적극적 평화는 사회적 정의, 갈등의 민주적 조정, 국가적 협력 등을 통한 인류의 항구적 진보의 균형을 이루는 것과 같은 폭넓은 개념을 뜻한다. 그러나 몰트만(Moltman)은 적극적 평화의 개념에 정의를 우선시 강조함으로서 기독교적 평화와 일치한다고 하였다.[119]

사회의(가정, 교회, 이웃, 유치원, 학교, 나라, 세계) 일원으로서 하나님과 올바른 관계를 맺으며 살아가기 위해서는 공동체 속에서 평화(샬롬)를 이룩해야 한다. 공동체의 평화는 믿음이 강한 자들이 음식이나 날의 구애를 받지 않는 신앙적 '자유'나, 약한 자들이 신앙적 양심에 근거해 실천하는 '절제된 경건'에 의해 실증되는 것이 아니라 오직 공동체의 상호이해와 사랑을 통해 실현되는 평화와 기쁨으로 증명된다. 이런 기쁨과 결부된 평화야말로 그리스도 안에서의 진정한 믿음에서 유래한 평화 공동체의 특질이다.[120] 이것은 유아의 입장에서 '행복감, 온화감, 상호 이해와 존중, 협동, 규칙과 질서를 지키기'로 정의될 수 있으며 성령의 열매인 평화를 유아의 삶 속에서 실천하도록 교육하는 것이 부모의 역할이다. 평화의 열매는 성령의

---

119) 그리스도교 철학연구소편, 현대사회와 평화(서울 : 서광사, 1991), p.198.
120) Cramfield, Ⅱ, 748.; 김세윤, "평화", 13.

인도하심을 받아 육신의 행실을 죽이는(롬 8:13~4), 성결의 삶을 통해(살전 5:23) 맺어질 수 있다. 가정에서 유아가 평화로운 마음을 가지도록 하기 위해서는 첫째, 유아가 개인적 기지를 사용하기 위해 의지력을 조절하는 방법을 배워나가도록 해야 한다. 둘째, 유아가 평화에 도움이 되는 안정과 질서를 배워야 한다. 셋째, 스스로 문제를 해결함으로써 마음의 균형을 유지하도록 해야 한다. 이를 위해 부모는 협동심, 민주적 행동 격려, 다른 사람의 의견 및 행동 존중, 문화와 사회에 대한 이해, 수용적 분위기 형성, 친구간의 신뢰감 형성, 다른 사람과의 갈등 없이 자신의 필요를 만족시키기, 상호 신뢰와 존중의 관계 발전시키기, 다른 사람의 관점 이해하기, 집단 생활의 규칙에 적응하고 협상하기를 가르치고 이해시켜야 한다.

평화의 가장 핵심이 되는 가치는 하나님 형상으로서 인간의 존엄성이라고 할 수 있으며 다음으로는 공공 질서와 민주 사회의 절차라고 할 수 있다.

인간의 존엄성

- 인간 존엄은 그 출발이 하나님의 형상으로부터 출발한다.
- 인간 존엄의 정신은 자기 자신을 소중히 여기는 것이며, 마찬가지로 타인을 소중히 여기는 것이다.
- 타인의 존엄성을 부정하는 것은 자신의 존엄성도 부정하는 것이다.
- 다른 사람의 사고 방식이나 생활 방식이 다를 수 있음을 인정해 주어야 한다.
- 자유는 외적인 장애나 조정을 받지 않고 자신의 일을 스스로 결

정할 수 있는 상태를 말한다.
- 사람은 성별, 출생지, 신체적 조건, 가문 등의 생득적 조건 때문에 차별 대우를 받아서는 안 되며, 종교, 학력, 신념, 지위, 빈부, 결사 등의 후천적 조건 때문에 차별대우를 받아서도 안 된다.
- 차별 대우를 받지 않는다는 것은 누구나 같은 기회를 보장받으며, 법 앞에서 동등한 보호와 제재를 받는다는 것을 뜻한다.
- 우리 나라가 추구하는 민주주의적 가치에 충실하여야 하며 우리 나라에 속한 어떤 개인이나 집단도 소외받지 않고 더불어 잘 살 수 있도록 노력해야 한다.

공공 질서

- 하나님이 자연 속에서 질서를 만드셨듯이 인간의 모든 생활 속에서도 질서를 만들었음을 인식하는 것이 기초이다.
- 모든 생활 영역에서 차례를 지키는 것이 공공 생활의 출발점이다.
- 교통, 행락, 단체생활 등 모든 영역에서의 질서 유지는 우리에게 안전과 편익을 가져다 준다.
- 사생활은 보호되어야 한다. 그러나 사생활 보호가 공공의 이익을 해쳐서는 안 된다.
- 각종 에너지, 물자, 자원을 절약하는 것이 개인과 국가의 경제 생활을 돕는 길이다.
- 유일한 지구의 자원으로 인류가 함께 살아가기 위해서는 각자의 욕망을 자제하여야 한다.

민주 사회의 절차

- 집단적 의사 결정 과정에서는 자신의 의견을 표현하고 남의 의견을 받아들여 합의하는 능력과 태도가 필요하다.
- 민주 사회에서는 시민들이 자신들의 문제를 결정하는 데에 적극적으로 참여하여야 한다.

【 생각해 볼 문제 】

1. 평화의 의미는?

2. 가정에서 평화로운 마음을 지니도록 어떻게 교육해야 하는가?

3. 평화를 위한 가장 핵심적인 가치에 대해 논하시오.

책임감을 기른다.

자기가 해야 할 일을 스스로 한다는 것은 자율성을 의미하며, 끝까지 해낸다는 것은 책임감과 관련이 있다. 유아는 생활 속에서 인과관계를 이해해야 할 것이다. 이와 같은 관계를 아는 것이 책임이다. 진정한 도덕적 삶은 우리의 사고로부터 의지를 이끌기 시작했을 때, 즉 더 이상 충동과 욕구에 의해 지배되지 않고 자아에 의해 이끄는 행동 즉 의식에 의해 이끄는 행동이 이루어질 때이다.[121]

게젤(Gesell)에 의하면 부모들은 자녀의 책임감을 개발할 기회를 제공하는데 있어 우선 순위는 자녀의 개별성에 대해 고려하는 것이다. 자녀의 개인차를 무시하게 되면 대가를 치르게 된다. 만일 부모들이 자녀가 독특한 개별적 요구를 지닌 개인이라는 가정에서 시작한다면, 그들을 이해하는 것을 부모의 과업으로 삼게 될 것이고 자녀에게 성장할 가장 최선의 기회를 제공하려 할 것이다. 그렇게 되면 부모는 자신의 능력 안에서 성공적으로 행할 수 있는 책임을 자녀에게 부과할 수 있을 것이다.

모든 사람이 함께 살아가려면 사람들은 자신의 행동에 대해 책임을 져야 하며, 집단의 복지를 위해서도 책임을 져야 한다. 책임을 지는 것에 대한 학습은 개인의 존엄성이나 자기 가치에 대한 이해와 목표면에서 밀접한 관련을 가지고 있다. 사실 성경은 각 개인이 모든 행동에 대해 개인적인 책임을 져야 하는 광범위한 자유를 지닌 존재도 본다. 성경이 인간에게 부여한 자유와 책임은 양육이 단순히 통제임을 의미하지 않는다. 자기가 해야 할 일을 스스로 한다는 것은 자

---

121) Thomson, J. op. cit., p.234.

율을 의미하며 끝까지 한다는 것은 책임과 관련된다. 따라서 장난감을 정리하기, 책고르기, 장난감 고르기, 옷 고르기, 강아지와 금붕어 등에게 매일 먹이 주기, 꽃에 매일 물 주기, 새의 먹이와 물을 갈아주기, 간단한 청소하기, 구두닦기, 설거지통에 그릇 갖다 넣기 등 일상생활 속에서 아이가 스스로 선택할 수 있는 자율성을 부여하지만 이에 따른 책임 의식을 갖도록 해야 한다.

인내심을 기른다.

인내심이 부족한 유아는 유아기의 문제에만 그치지 않고 어른이 되어서도 '노력하지 않는 인간'이 되기 쉽기 때문에 문제가 크다고 할 수 있다. 인생의 슬픔이 인생의 기쁨보다도 훨씬 쉽게 우리로 하여금 이성을 잃게 만들 수가 있다. 우리는 우리의 슬픔까지도 억제함으로 '우리의 마음을 가라 앉혀 인내에 이르게' 해야 하는 것이다. 환난을 당할 때 인간의 성향은 '하나님에 대해 반란을 일으키는' 대로 나아가기 때문에 '경건한 자들이 그들의 마음을 삼가하여 하나님의 권위에 순복하게 하는 일종의 침묵'으로 칼빈은 인내를 정의하는 것이다.

자기 힘껏 최선을 다해서 끝까지 노력해 보는 것이 생에 있어서 대단히 귀중한 것이다. 유아의 흥미는 어른에 비해서 오래가지 못하고, 행동도 계속해서 변한다. 그러나 특히 인내력이 부족한 아동은 어렸을 때부터 과보호를 받는데 주원인이 있다. 조금만 어려운 일이 있어도 어른들이 나서서 다해주고 아동의 마음대로 하게 했기 때문에 참고 견디는 힘을 기를 기회가 없이 자랐다. 모든 일이 자기 생각대로 되고 조금도 어려움 없이 살아왔기 때문에 인내할 필요가 없었던 것이다.

허약 체질의 아동도 인내력이 없다. 이들은 체력이 부족하기 때문에 한가지 일에 오래 견뎌 내질 못한다. 쉽게 피로해지고 피로해지면 짜증도 잘 낸다. 인내심이 있고 없는 것은 어릴 때 부모의 훈련에 많이 좌우된다. 부모 자신이 한 가지 일에 끈기있게 열중하지 못하고 이것, 저것으로 관심이 옮겨지면 아동도 그렇게 되기 쉽다. 또한 이것, 저것, 장난감을 많이 사주고 관심 있게 보아주지 않고 방임해 버리는 경우도 인내심이 없는 아동이 되기 쉽다.

인내심을 길러 주기 위해서는

- 성경 이야기책을 매일매일 읽도록 한다.
- 성경 동화책을 매일 빠지지 않고 계속 보도록 하면 인내심이 자라난다.
- 문제를 스스로 해결하도록 한다.
- 활동(책읽기, 그림그리기, 만들기 등)들을 끝까지 마무리하도록 한다.
- 자기 동기 부여를 통해 목표를 완성하기 위해 참는 능력을 기른다. 예를 들어 초콜릿 2개를 주고 엄마가 시장갔다 올 동안 1개만 먹고 1개를 남겨두면 초콜릿 3개를 더 준다고 말 함으로서 3개의 초콜릿이라는 목표를 얻기 위해 먹고 싶은 초콜릿을 먹지 않고 끝까지 1개를 남기는 인내력을 기른다.

죄의식을 발달시킨다.

프로이드(Freud)가 죄의식이 발달하지 않는다면 유아는 양심을 발달시킬 수 없다고 밝혔듯이 유아의 잘못된 행동이 체벌을 받지 않는다면 죄의식을 발달시킬 수 없다. 그러나 체벌은 '잘못한 죄에 알맞은' 것이어야 한다. 즉 유아의 연령에 알맞는 것이어야 하고 너무 장시간 지속해서 이루어져서는 안된다. 프라이버그(Fraiberg)는 죄에 알맞은 체벌을 해야 한다는 것은 그 체벌이 유아의 관점에서 볼 때, 행동과 관계된 것이어야 한다는 의미를 가지고 있다고 말했다. 즉 유아가 자신이 한 일과 체벌 사이에 관련이 있음을 인식하는 것이 중요하다. TV의 채널권을 가지고 동생과 싸우면 TV를 하루 보지 못하도록 하는 것이 다음날 놀러 가기로 한 것을 취소시키는 것보다 더 효과적이라는 것이다. 목적은 유아가 미래에 이와 유사한 상황을 접했을 때 같은 행동을 하지 않도록 해줄 죄의식을 발달시키는 것이다. 유아의 입장에서 보면 부모의 가치를 자신의 초자아의 한 부분으로 받아들이는 것이다.

양심 또는 죄의식의 발달에 대한 프로이드의 설명은 공격적 본능의 억압과 오이디푸스 컴플렉스의 갈등 해소와 관련된다. 본능은 제거될 수 없으며 억압되어 무의식적이 되거나 수정될 수 있는 것으로 본다. 자신을 향한 공격성은 죄의식으로 경험되며, 이것은 초자아의 기준에 달하지 못하는 자아에 대한 비판과 스스로의 질책을 포함한다.

내면화된 죄의식의 형성과 투시된 도덕적 기준에 응하는 것은 개인과 사회, 개인의 이익과 집단적, 사회적 목적을 연결하는 발달을 의미한다. 갈등은 사회적 환경에의 적응을 높이기 위해 수정을 하게 한다.

【 생각해 볼 문제 】

1. 책임감은 어떻게 키울 수 있습니까?

2. 유아기의 인내심의 특징은 무엇입니까?

3. 인내심을 기르는 방법을 모색해 보십시오.

4. 죄의식과 처벌, 양심과의 관계는 무엇입니까?

제 4 장
부모와 자녀의 효율적인 관계 형성

내 아들아 네 아비의 훈계를 들으며 네 어미의 법을 떠나지 말라
이는 네 머리의 아름다운 관이요 네 목의 금 사슬이니라
(잠 1:8~9)

제4장 부모와 자녀의 효율적인 관계 형성

인간은 상호인간적인 관계에 있을 때 보다 영적으로 강하게 되는 경우가 많다. "누구든지 하나님을 사랑하노라 하고 그 형제를 미워하면 이는 거짓말하는 자니 보는바 그 형제를 사랑치 아니하는 자가 보지 못하는바 하나님을 사랑 할 수가 없느니라."(요일 4:20) 이는 사랑은 진정한 의미에서 다른 사람과의 관계에 의해 가늠 되어진다. 따라서 아동의 정서적 문제는 부모-자녀간의 인간관계를 개선시킬 수 있는 효율적인 방법을 부모에게 교육해야 한다.[122]

※ PET(Parent effectiveness training) - 효율적인 부모 교육 훈련
부모와 자녀의 효율성 훈련은 고오든이 개발한 교육 이론이다. 부모들의 효율적인 유아 양육을 위한 부모-자녀 관계 증진을 위한 PET프로그램은 부모-자녀 관계 뿐 아니라 모든 인간관계에 적용할 수 있는 인간관계의 이론에 기초하였다. PET 프로그램의 원리 및 방법들을 살펴보면 다음과 같다.

---

122) 김경희, 이재연, op. cit., p.153.

PET 프로그램의 구체적 목표

PET 부모 교육 프로그램의 목적은 부모가 자녀와의 관계를 향상시킬 수 있도록 의사 소통 기술과 원리를 배우는 것을 도와주는데 있으며 구체적인 목표는 다음과 같다.
첫째, 아이들 스스로 문제를 파악하고 해결하도록 도와준다.
둘째, 부모가 아이들의 비수용적인 행동에 대처하도록 한다.
셋째, 부모-자녀간의 욕구 갈등을 해결하도록 한다.
넷째, 부모-자녀간의 가치관 대립을 해결하도록 한다.
즉, 부모는 자녀와의 관계를 원만하게 하면서 자녀가 문제를 가져 어려움에 처할 때 도움을 주고, 자녀의 행동으로 인해 부모가 문제를 가져서 괴로울 때 자녀의 도움을 받기 위한 것이다. 이때 중요한 것은 부모가 언제나 자녀를 애정으로 따뜻하게 대해야 하며 자녀의 감정을 상하지 않도록 유의하여 부모-자녀 관계에 손상을 가져오지 않고 서로 간의 관계에서 발생하는 문제에 적절히 대응하도록 의사 소통 기술을 습득해야 한다는 것이다.[123]

PET 프로그램의 원리

적극적 경청(Active Listening)

문제를 가지고 있는 자녀는 불쾌한 정서를 경험하는데 이때 부모

---
123) 연미희, 한국 부모에 대한 PET 부모 교육 프로그램의 적용성 평가, 경희대학교 대학원 박사 학위 청구 논문, 1994, pp.15-21.

는 자녀의 기분이 나아지도록 상담자의 역할을 해야 한다. 그리하여 자녀가 과거 혹은 현재 느끼는 감정을 부정하거나, 아니면 자녀가 옳다고 칭찬 또는 위로하거나, 다른 데로 주의를 돌리려고 애쓰게 된다. 즉 부모-자녀간의 의사 소통에 장애가 되는 표현인 의사 소통 걸림돌을 사용하게 되는 것이다. 의사 소통 걸림돌은 자녀가 문제를 소유했을 때 적절하지 못한 의사 소통 기술이다. 따라서 자녀의 감정을 이해해 주기 위해서는 적극적 경청 기술을 사용해야 한다.

고든(Gordon)은 유아들과 진정한 상호작용을 위해 적극적 경청의 중요성을 제시했다. 적극적인 경청은 유아가 부모에게 문제가 있을 때가 아니라 유아가 문제를 가질 때 잘 사용된다. 예를 들어, 만약 아기가 울고 있다면 우는 것은 부모에게 짜증스러울 수 있다. 동시에 우는 것은 부모에 대한 필요를 전달하기 위해 시도할 수 있다. 만약 부모가 아이의 감정을 이해하기 보다 우는 것을 제거하려고 적극적인 경청을 사용하려고 시도한다면 그것은 받아들임보다는 받아들임의 부족을 전달한 것이다. 만약 이러한 일이 자주 발생하면 유아는 부모와의 의사 소통을 피할 것이다. 고든은 유아로 하여금 자신의 진정한 감정을 나타내도록 고무하는 것이 적극적인 경청의 실패를 막는 좋은 방법이라고 한다. 대부분의 부모들의 장기적인 목표는 유아들이 독립적으로 되도록 도와주는 것이다. 이것은 유아로 하여금 자신의 문제를 해결하는데 더욱더 책임감을 가지도록 허용하는 것을 의미하며 유아와 유아의 감정을 진정으로 받아들일 수 있다.

경청 기술은 크게 수동적 경청(passive listening)과 적극적 경청(active listening)의 두 가지로 분류할 수 있다. 단지 말을 하도록 유도하는 말문 열어 주기나 침묵, 인정하기 등의 수동적 경청보다는 더 효과적 방법인 적극적 경청에서는 송신자(sender)뿐만 아니라 수신자(receiver)도 의사 소통 과정에서 적극적이 된다. 적극적 경청에서 수신자는 송신자가 느끼는 것이나 메시지가 의미하는 것을 이해하려고 노력한다. 그리하여 수신자는 자신이 이해한 것을 말로 표현하여 송신자가 확인할 수 있도록 피드백 해 준다.[124]

이때 수신자는 비평, 견해, 충고, 논리, 분석 혹은 질문과 같은 메시지를 보내서는 안 된다. 단지 송신자의 메시지가 의미한다고 느끼는 것만을 과장하거나 축소하지 않고 피이드백하는 것이다.

적극적 경청을 사용하기 위해 구체적으로 그 과정을 살펴보면 다음의 3단계로 이루어진다. 1단계는 부호화 단계로서 아이가 언어적·비언어적 방법으로 자신이 어려움에 처해 있다는 단서를 전달한다. 이때 부모는 아이의 말뿐만 아니라 표정이나 행동 등에도 큰 관심을 두어야 한다. 2단계는 아이가 나타내는 모든 단서를 바탕으로 아이가 어떤 어려움을 겪는지 추측해서 느낌이나 생각을 말해 주는 부호해석의 단계이다. 부모가 정서적으로 불안정한 상태에 있는 아이의 기분을 이해해 줌으로써 아이는 자신의 불안정한 감정에서 벗어날 수 있게 된다. 3단계는 긍정 또는 거부의 단계로서 아이는 부모의 반응에 대해 자신의 감정을 확인하고 긍정하거나 부정한다.[125]

3단계의 과정 중 핵심적인 부분은 2단계로 여기에서 부모는 아이가 보낸 부호를 해석해서 아이의 감정을 그대로 이해하며 언어로 표현해 주어야 한다. 일단 자녀가 느끼는 감정을 그대로 이야기 해 주면 아이들은 자신의 문제를 스스로 해결할 수 있게 된다.

그런데 이때 부모들이 유의해야 할 점은 아이들을 대하는 태도이

---

124) 김덕순, op. cit. pp.178.
125) 연미희, op. cit. pp.15-16.

다. 부모는 자녀가 말하는 것을 듣고 싶어해야 하며, 의사 소통하는 시간에 자녀가 말하는 특별한 문제에 대해 도움이 되기를 진심으로 원해야 한다. 부모의 감정과 자녀의 감정이 다르다 하더라도 아동의 감정을 수용할 수 있어야 하며, 자녀도 감정을 가지고 있는 독립된 인격체임을 인식하고 자녀 스스로가 자기 자신을 조절하고 문제를 의식하고 해결할 수 있다는 믿음을 가져야 한다.

모든 아동은 친구, 형제자매, 부모, 교사와의 관계에서 혹은 자신과의 문제로 실망, 좌절, 고통 등을 경험하게 된다. 이런 생활에서 문제를 해결하는 데 부모의 도움을 받은 아동들은 심리적 건강을 유지하고 더욱 용기와 자신감을 갖게 되지만 그렇지 못한 아동들은 정서적 문제를 드러내게 된다.

이 기술은 고든(Gordon) 이전에 하임 기노트(Haim Ginott)가 이미 언급한 의사 소통 기술로서는 부모가 자녀에게 이해의 말을 해 주는 방법으로 거울의 역할을 해 줄 것을 권장했다. 즉 자녀의 감정에 대해 왜곡하지 말고 있는 그대로를 반영시켜서 말해 주는 마음의 거울이 되라는 것이다.

적극적 경험의 이점

첫째, 반영적 경청을 부모가 행하게 되면 어린아이는 자신의 감정을 공공연하게 표현하는 것이 나쁜 일이 아니라는 것을 알게 함으로써 감정의 정화 작용을 촉진한다.

둘째, 부모나 형제에 대해 부정적인 감정을 갖는 것을 두려워하지 않도록 도와준다.

셋째, 부모와 자녀 사이의 인간관계가 따뜻하게 온정적으로 이루어진다.

넷째, 유아로 자기 문제를 스스로 해결하도록 한다.
다섯째, 유아의 생각을 이해하기 때문에 부모의 생각과 견해를 더 잘 경청하며 신뢰를 하게 된다.

반영적 경청시 필요한 기본적인 태도
첫째, 유아가 이야기하고자 하는 것을 진지하게 들으려고 한다. 시간이 없을 경우에는 솔직이 시간이 없다고 말한다.
둘째, 유아의 문제에 진정으로 도움을 주고자 원하는 마음이 있어야 한다.
셋째, 유아의 긍정적인 느낌을 받아들일 뿐 아니라 부정적인 느낌조차도 담담하게 받아들일 수 있는 부모이어야 한다.
넷째, 아이들이 자신의 느낌, 문제를 어른이 간섭하지 않아도 해결할 수 있다는 신뢰감을 가져야 한다.
다섯째, 유아들의 감정이라는 것은 변화무쌍하므로 유아의 마음 속에 나쁜 감정이 있더라도 영속적이라기 보다는 일시적이라는 것을 인정하여야 한다.
여섯째, 유아를 개별적인 한 개인으로 인정한다. 유아는 별개의 인간이기에 그 나름대로 문제를 가질 수도 있고 그 문제를 해결할 수도 있다. 부모는 유아와 함께 문제를 나눌 수는 있지만 유아의 문제에 뛰어들지 말아야 한다.

나의 의사를 전달하는 법(I-Message)

전형적으로 부모는 자녀의 행동으로 인해 화가 날 때 자녀의 행동에 대해 비난하고 훈계하는 경향이 있는데 의사 소통 기술에서 너-전달법(You-Message)이라고 한다. 이것은 자녀의 감정을 상하게 하므로 자녀의 행동을 기꺼이 변화시키는 데 비효과적이라고 고든(Gordon)은 지적했다. 이런 상황에서 바람직한 의사 소통 기술은 부모가 자신의 감정을 자녀에게 표현하는 나의 의사를 전달하는 법(I-Message)이라고 할 수 있다.

나의 의사를 전달하는 법은 부모가 자녀의 행동으로 인해 문제를 소유할 때 사용하는 의사 소통 기술이다. 이때 부모는 거부, 좌절, 분노의 감정을 느끼게 된다. 그리하여 긴장과 불안감으로 인해 아이의 행동을 좋아하지 않게 되고 조정하려 할 것이다. 나의 의사를 전달하는 법은 아동 자신과 부모-자녀 관계를 더욱 건전하게 할뿐만 아니라 부모들이 수용하지 못하는 행동을 자녀가 수정하도록 하는데 효과적이다. 또한 아동의 저항과 반항을 훨씬 덜 일으키는 경향이 있다. 자녀에게 어떤 행동이 나쁘다고 말하기보다는 자녀의 행동이 부모에게 미치는 영향을 솔직하게 말하는 것이 훨씬 덜 위협적이기 때문에다. 나-전달법은 또한 아동이 자신의 행동을 수정하는데 책임감을 갖도록 하기 때문에 효과적이다. 결과적으로 나의 의사를 전달하는 법은 아동이 자신의 성장과 행동에 대한 책임감을 갖도록 도와준다(Gordon, 1975).[126]

나의 의사를 전달하는 법으로 부모의 감정을 효과적으로 표현하기 위해서는 다음과 같은 세 가지 요소가 필요하다. 첫째, 부모를 괴롭히는 자녀의 행동을 비난없이 간단하게 진술하는 것이다. 자녀를 주어로 하는 문장은 비난으로 들릴 수 있으므로 '나'를 주어로 하는 문장을 사용한다. 예를 들면, '네가 떠들면'이 아니라 '큰 소리로 말하

---

126) 연미회, op. cit. pp. 16-19.

니까 나는' 과 같이 자녀의 행동을 비난하지 않고 진술하는 것이다.

둘째, 자녀의 행동이 부모에게 미치는 구체적인 영향을 진술하는 것이다. 부모가 자녀에게 자녀의 행동을 효과적으로 표현해 주기 위해서는 자녀가 알 수 있는 구체적인 행동 용어로 표현해야 한다. 포괄적이고 추상적인 표현은 애매 모호해서 자녀에게 혼돈을 일으킬 뿐 효과적으로 전달되지 않는다. 구체적인 영향은 자녀의 행동으로 인해 부모가 소모하게 되는 시간, 노력, 비용 등을 의미한다. 예를 들어, 자녀가 큰 소리고 말하면(자녀의 행동), 부모는 전화 통화 중에 상대방의 말소리가 잘 들리지 않는다(부모에게 미치는 구체적 영향)고 말해 준다.[127]

마지막으로 매우 핵심적인 요소로 자녀의 행동으로 인해 부모가 느끼는 감정이 어떤 것인지를 표현하는 것이다. 예를 들어 자녀가 큰 소리로 말하면(행동), 부모는 전화 통화 중에 상대방의 말소리가 잘 들리지 않아서(구체적 영향), 몹시 짜증이 난다(감정)는 식으로 표현하는 것이다. 예를 들어 '큰 소리로 말하니까 전화소리가 잘 안 들려서 엄마가 화가 나는구나' 라고 말한다.

나의 의사를 전달하는 방법은 자녀에게 부모 자신의 감정 상태를 전달하는 방법으로 자녀의 행동을 판단하지 않으면서 그 행동이 부모에게 어떤 영향을 주고 있는지를 확실하게 전달한다.

갈등 해결 방법(no-lose method)

부모와 자녀간에는 여러 가지 크고 작은 갈등은 피할 수 없다. 갈등을 해결하는 방법으로 민주적인 무승부법을 제안한다(no-lose

---

127) Ibid.

method). PET프로그램에서 제시하는 이것은 부모와 자녀가 타협하여 서로의 욕구가 충족될 수 있는 방향으로 갈등을 해결하므로 둘다 이기는, 다시 말해서 지는 사람이 없는 방법이다. 부모와 자녀가 욕구 갈등 상황에 놓였을 때 무승부법을 사용하는 부모는 최종의 해결책을 모색하기 위하여 자녀와 함께 문제 해결에 참여하여 비판적으로 평가해서 가능한 해결 방안을 결정한다.[128] 그런 연유로 '양승법' 혹은 '무패법' 이라고도 불린다. 비록 제3의 방법은 거의 모든 부모들에게 낯설지만 부모들이 주변에서 민주적으로 갈등을 해결하는 방법을 많이 보아 왔기 때문에 쉽게 이해될 수 있다. 성인들인 남편과 아내는 상호간의 동의를 통해 그들의 의견 차이를 해결하고자 민주적인 해결 방법을 사용한다. 이것은 부모에게 적대감을 적게 갖게 하고 강요당하는 일이 적으며, 자녀를 한 개인으로 존중하여 취급한다.

민주적인 방법은 아동이 해결책을 수행하는 데에 동기화가 되고 좋은 해결책을 찾아낼 기회가 많아지며, 부모-자녀간의 적대감을 줄이고 사랑을 증대시키기 때문에 효과적이다.

이러한 이점을 가진 민주적인 갈등 해결 방법은 6단계로 구성되어 있다.

1단계는 부모-자녀간의 갈등을 일으키는 문제로 정의하는 것이다. 다시 말해서 부모의 욕구와 자녀의 욕구를 서로 명확하게 확인하고 분명하게 밝히는 단계이다.

2단계는 확인된 갈등을 해결할 수 있는 해결책을 만들어 내는 것이다. 부모와 자녀가 함께 생각나는 대로 여러 가지 해결책을 내놓는 것이다.

---

128) 김경희, 이재연. op. cit., pp. 160-163.

3단계는 부모와 자녀가 서로 내놓는 해결책에 대해 평가하는 것이다. 즉, 여러 가지 해결책에 대한 자녀의 만족과 불만족을 알아내고, 수용할 수 있는 해결책을 지적하는 것이다.
   4단계는 3단계의 평가를 통해서 가장 좋은 해결책을 결정하는 것이다.
   5단계는 결정된 해결책을 수행하는 것이다.
   6단계는 구체적으로 결정된 방법을 수행하고 선택한 해결 방안이 부모와 자녀에게 어떻게 활용되고 있는가 확인하는 평가 시간을 갖는 것이다. 왜냐하면 결정된 해결책이 잘 수행되지 않을 때에는 다시 이전의 단계로 돌아가서 해결책을 수정하거나 다시 합의하여 새로운 해결책을 만들어 내어 갈등을 해결하는 과정을 되풀이 한다.

【 생각해 볼 문제 】

1. PET프로그램의 원리 중 적극적 경청은 무엇입니까?

2. PET프로그램의 원리 중 나의 의사를 전달하는 법은 무엇입니까?

3. PET프로그램의 원리 중 민주적인 갈등 해결 방법은 무엇입니까?

바람직한 훈육 방법

한 개인을 기독교적 품행과 자세로 이끄는 과정으로서의 양육은 기독교의 주된 임무이다. 그 본질상 이를 위해서는 율법과 복음, 양자가 모두 필요하다. 아무도 선의 본질을 알 만큼 지혜롭지도 않고, 또 그것을 안다고 해도 실천할 만큼 선하지도 않기 때문에 율법이 포함된다. 그러므로 판단과 훈련은 은혜와 사랑과 마찬가지로 양육의 일부이다.

만일 이 양육이 효과적으로 이루어진다면 어린이는 자신에게 어떤 것이 결집된 것을 느끼게 될 것이다. 그러나 상호관련성을 지닌 이러한 양육은 기독교 신앙의 제시에 의해 보충을 받아서 개인으로 하여금 자신은 창조주와 관련된 피조물이고, 은혜롭고 죄사함을 주시는 하나님 앞에 죄인인 것을 깨닫도록 해주어야 한다. 어린이, 청년 혹은 성인이 자신에게는 하나님의 은혜가 필요하고 하나님의 응답을 느꼈을 때, 양육과 지도는 만남 혹은 관계를 위한 준비이다.[129]

유아는 주변에서 자신을 어떻게 생각하고, 어떻게 취급하는지에 의해 상처를 입을 수도 있으며 자기 자신은 어느 누구도 사랑하지 않는다는 부정적 자아 정체감이 형성될 수도 있다.[130] 자기 자신을 사랑하며 하나님의 형상을 닮은 자로 여기는 긍정적 자아 정체감은 하나님께서 자신을 사랑하며 자기 자신도 하나님을 사랑하며 하나님을 닮아 가려는 마음을 형성하는데 중요한 역할을 한다.

유아는 이 세상에 태어나면서 부터 부모로부터의 끊임없는 사랑과

---

129) Taylor, op. cit. pp.60-61.
130) 박수경, 부모 자녀의 상호작용 및 부모 양육 행동과 아동의 자아 존중감과의 관계, 경희대학교 석사 학위 청구 논문, 1992.

격려, 꾸지람을 통해 무엇이 옳고 그른 것인지를 배우게 되며 점차적으로 한 사회인으로써, 신앙인으로써의 제 역할을 해내게 된다.

따라서 부모가 일상생활 가운데 어떤 형태로 말을 하느냐에 따라 아이의 반응은 매우 달라질 것이다. 부모는 항상 아이의 행동에 대해 어떤 식으로 대응해야 아이가 올바르게 받아들일 수 있을까를 염두에 두어야 한다. 예를 들어 아이에게 공부를 가르쳐 주고 있을 때 아이가 전혀 이해하지 못하면 부모는 이렇게 말한다. '넌 왜 이것을 이해하지 못하니? 이건 아주 쉬운거야. 네가 딴 생각을 하고 있으니까 이해가 되지 않는 거야' 라고 말하면 아이는 마음 속으로 이렇게 생각한다. '난 정말 바보인가 봐 난 결코 배울 수 없을거야' 아이는 부모의 비난에 자신감을 잃고 만다. 기도를 드릴 때도 '넌 왜 기도를 그렇게 짧게 하니? 맨날 먹을 것을 주신 것에만 감사를 드리니? 하나님께 먹는 타령은 좀 그만 해라' 라고 말하면 아이는 기도 드리는 것에 대해 부담을 갖게 될 것이다.

꾸짖는 방법이 잘못되었기 때문에 아이는 점점 공부 뿐 아니라 하나님과의 관계도 소원해지게 된다. 또한 아이가 식탁 위에 아이스크림과 성경책을 그냥 놔두었을 때 부모의 반응을 생각해 보자. 부모가 '식탁 위에 아이스크림을 놔두면 녹아버릴거야' '성경책을 식탁 위에 놔두면 음식물에 의해 더러워질지도 몰라' 하고 말하는 경우와 '넌 항상 조심성이 없구나 식탁 위에 아이스크림을 놔두면 어떡하니? 먹지도 못하게 다 녹았잖아. 냉장고는 폼으로 있는 거니?' '성경책이 음식이니 식탁 위에 올려놓게 책상에 당장 갖다 놓지 못하겠어' '너는 도대체 뭘 생각하고 있는거니' 라고 말한 것을 비교해 보면 어떻게 꾸지람을 하는 것이 좋은지 그 방법을 알 수 있다.

전자는 아이가 잘못한 행동만 지적했지만 후자는 현재 잘못한 행동뿐 아니라 아이의 인격 자체를 모두 비난하였다. 후자는 아이의 감정을 상하게 하면서 아이를 꾸짖는 것이지만 전자는 아이의 잘못만 지적하였기 때문에 상처를 입지 않고 자신의 잘못을 반성하게 된다. 이처럼 비난하는 말을 되도록 줄이고 무엇을 잘못했는지를 정확하게 알려주면서 혼을 내는 것이 아이에게 상처를 입히지 않는 최선의 방법이다. 어른들도 비난을 받으면 자신의 잘못을 반성하기보다는 반발심을 느끼는 것과 마찬가지로 아이도 그렇다는 것을 인정해야 한다.

칭찬을 할 때도 마찬가지로 무조건적인 칭찬은 자칫 왜 자신이 칭찬을 받는지 몰라 당황하게 만들 수 있으며 좋은 아이라는 인식에 사로잡히게 할 수도 있으므로 겉으로 나타난 행동에 대해서만 칭찬을 하도록 한다.

장점을 살리는 바람직한 칭찬 방법

구체적으로 칭찬을 하는 행동에 대해 이야기한다.

아이를 칭찬할 때는 구체적으로 해야 효과를 얻을 수 있다. 예를 들어 아이가 성경 이야기 대회에서 입상을 했을 때 무조건 잘했다고 칭찬하지 말고 구체적으로 칭찬을 한다. 성경 이야기 대회에 참여한 것만으로도 예쁜데 그 동안 연습을 열심히 하더니 대회에서 좋은 성적을 올렸다고 칭찬을 해주는 것이 무작정 잘했다고 칭찬을 받는 것보다 기분이 좋아진다.

부모가 자신에게 관심이 많다는 것을 알 수 있게 구체적으로 칭찬해야 한다. '아가 때는 찬송가를 잘 부를 수가 없었는데 이제는 찬송가를 다 외워서 부를 수가 있게 되어 엄마가 매우 기쁘단다. 날마다 자라게 하시는 하나님께서도 매우 기뻐 하실거야' 하는 식으로 칭찬한다.

그 자리에서 즉시 칭찬한다.

아이를 칭찬할 일이 있으면 아이가 칭찬 받을 일을 했을 당시에 하는 것이 효과적이다. 아이가 심부름을 했을 때는 칭찬을 하지 않더니 저녁에 장난감을 가지고 놀고 있는데 '낮에 심부름을 참 잘했어' 라고 칭찬을 하면 아이는 자신이 왜 칭찬을 받아야 하는지를 몰라 당황할 것이다. 아이들의 의식은 현재에 머물러 있기 때문에 장난감을 가지고 노는 것에 대해 칭찬을 받았다고 생각한다. 시간이 흐른 후에 칭찬은 아무런 효과가 없으므로 칭찬 받을 만한 행동을 했을 때 즉시 칭찬을 해주도록 한다. 찬송가를 부르거나 성경 구절을 암송했을 때에도 즉시 칭찬을 해준다.

어릴수록 다른 사람 앞에서 칭찬을 한다.

칭찬은 직접적으로 해주어야 하지만 남들에게 또는 저녁에 들어온 아버지에게 아이의 좋은 행동에 대해 말을 함으로써 아이가 자신이 한 일에 대해 자긍심을 느끼도록 한다. 그러나 10대들은 다른 사람 앞에서 칭찬을 하는 것을 몹시 부담스러워 하고 싫어하므로 삼가한다.

무조건적인 칭찬을 하지 않는다.

아이를 격려해 준다고 잘못한 것도 그대로 허용하고 받아들이는 것 뿐 아니라 칭찬하는 것은 삼가한다. 아이들도 자신의 행동의 잘잘못을 평가할 줄 안다. 분명히 잘못한 일을 두고 칭찬을 한다면 아이는 부모를 믿지 못하게 되고 또한 무조건적인 수용으로 인해 버릇이 없어지며 제대로 된 가치관을 확립할 수도 없다. 아이가 학교에서 시험을 보았는데 자신의 생각에는 잘못한 것 같아 마음이 편치 않은데 부모가 혼을 내지 않고 잘했다고 하면 아이에게 용기를 주었다기 보다는 부모는 나에게 기대가 이 정도밖에 되지 않는 것에 실망을 할지도 모른다. 시험을 못본 것에 대해 화내고, 때리라는 것은 아니지만 '좀더 노력해야 할 것 같다. 좀더 최선을 다했으면 좋겠다. 조금은 실망스럽다' 라고 솔직하게 말하는 것이 훨씬 효과가 있다. 피그말리온의 효과를 생각해야 한다.

과정과 노력을 칭찬한다.

칭찬은 언제해야 하는 것일까? 아이의 행동이 이전보다 나아졌을 때 칭찬하기보다 진행되는 과정에 대해서도 칭찬을 해준다. '아주 열심히 레고를 만들었구나' '열심히 찬송가를 불렀구나. 지금처럼 열심히 찬송가를 부르면 멋지게 찬송가를 부를 수 있을거야' '지금도 찬송가를 들으시고 하나님께서 기뻐하시지만 더 멋지게 부르면 더욱더 기뻐하실거야' 하는 식으로 칭찬해 준다.

평범한 것도 칭찬해 준다.

굉장한 일을 했을 때만 칭찬해야 하는 것은 아니다. 아주 사소하고 평범한 행동에 대해서 칭찬을 하면 아이는 부모를 기쁘게 하기 위해 더욱 잘 하려고 애를 쓰게 되며 부모는 점점 아이의 잘못된 행동보다는 좋은 행동을 발견하게 되어 부모와 아이의 관계는 점점 더 좋아질 것이다.

물건을 보상물로 사용하지 않는다.

성경 말씀을 외우면 초콜릿을 사 주겠다. 식사 기도를 하면 밥을 다 먹고 나서 아이스크림을 주겠다는 등 무엇을 하면 그 대가로 무엇을 해주겠다는 식으로 외적인 보상을 주는 것은 아이를 올바르게 칭찬하는 방법이 아니다. 어떠한 대가를 바라고 행동을 했을 때에는 그 행동에 대한 대가가 사라졌을 때 지속되지 않는다는 것이 연구에서 밝혀졌듯이 외적 보상에 익숙해지면 아이는 내적 보상의 기쁨을 모르게 된다. 외적 보상보다는 말로 칭찬을 하거나, 미소, 끄덕거림, 안아 주기, 어깨 다독거리기 등과 같은 사회적 보상을 하는 것이 더욱 좋다. 외적 보상을 주로 받은 아이는 점점 시간이 흐를수록 조건부 행동을 하게 된다. 초콜릿을 안주면 성경 말씀을 안 외운다. 아이스크림을 안주면 기도 안한다는 식으로 전후가 뒤바뀔 수도 있다.

장점을 살리기 위해 바람직하게 꾸짖는 방법

인격적인 모독은 하지 말라

아이를 꾸짖을 때 부모들이 가장 범하기 쉬운 잘못은 아이의 잘못한 행동을 꾸짖는 것이 아니라 아이의 인격 자체를 무시하는 것이다. 어떤 일을 잘못했을 때 '바보처럼 이것도 못하니? 네가 하는 일이 늘 그렇지, 네가 뭘 잘할 수 있겠니' 등의 말을 하면 아이는 자신의 잘못을 반성하지 않은 채 반발심이 생기게 된다.

혼을 낼 일이 있을 때는 아이의 인격을 존중해 주어야 한다. 아이가 잘못한 일에 대해서만 꾸짖는 것이 좋다. '왜 기도 안하고 잠자리에 들었니? 너는 하나님이 좋아하지 않는 행동만 하는구나. 기도 안하면 나쁜 아이야!' 라고 인격적으로 비난하지 말고 '오늘밤에는 기도하는 것을 잊어버렸구나. 엄마도 가끔은 잊을 때도 있어. 하지만 밥을 먹는 것을 잊어버리지 않는 것처럼 기도하는 것도 잊지 않도록 하자' 라고 잘못된 부분만 지적을 해준다.

비꼬지 않는다

꾸짖을 일이 있을 때는 다른 감정을 넣어 말하는 것은 좋지 않다. 즉, 비꼬는 말투는 아이를 진정한 의미에서 혼을 내는 것이 아니라 아이의 감정을 상하게 하는 것이다. '네가 언제 교회 갈 시간에 맞추어 제때 일어난 적이 있니?' 라든지 '네가 내일 아침 일찍 일어나서 교회 갈 준비를 하면 해가 서쪽에서 떠오를 거야' 등등의 말로 빈정거리는 말은 삼가한다.

빈정거리는 부모의 아이는 부모가 아이를 혼내는 진정한 의미를 받아들일 마음의 여유가 없게 되며 자신이 놀림을 당하고 있으며 부모로부터 인정을 받지 못하고 있다는 생각에 상처를 입게 된다. 혼을 낼 때는 아이가 자신의 잘못을 고칠 수 있도록 감정을 상하게 하지 말아야 한다.

부모는 말과 행동을 일치시켜야 한다.

아이들을 혼낼 때 부모의 행동이 매우 중요하다. 아이가 집 안에서 뛰어 놀 때 엄마가 거실에 누워 TV를 보면서 '집안에서 뛰어 놀지 말라고 그랬지!' 하고 소리를 지른다면 아이는 자신이 하고 있는 행동이 잘못된 것이라 느끼지 못한다. 아이를 혼낼 때는 그에 맞는 행동을 해야 한다. 예를 들어 아이의 눈을 쳐다보면서 뛰거나 달리는 것은 집 안에서 하는 것이 아니라고 말해야 아이는 자신의 잘못을 알 수 있다. 또는 아이가 있는 곳으로 가서 손을 허리에 올려놓고 단호한 표정을 지으면서 꾸짖으면 아이는 자신의 잘못을 금방 깨닫게 된다. 또한 TV를 보면서 가정 예배 시간이라고 모여서 준비 찬송을 하라고 하면 별 효과가 없다. TV를 끄고 탁자와 성경책을 준비해 놓고 아이에게 가정 예배 시간임을 알려주는 것이 효과적이다.

남과 비교하지 않는다.
아이를 혼낼 때 남과 비교하여 혼내는 것은 아이에게 상처만 줄 뿐이다.
'옆집에 누구는, 사촌 누구는 성경 구절도 잘 외우고 성경 동화 대회에서 상을 탔고 기도도 잘 하는 착한 아이인데 너는 맨날 이 모양이니?' 라고 꾸짖는 것은 좋지 않다. 경쟁 관계에 있는 친구와 비교하여 혼이 나면 아이는 자존심이 상해 자신의 잘못을 반성하지 않고 반발심을 가지게 된다. 자신은 뭐든지 친구보다 못하다고 자책감에 사로잡히게 된다.
특히 형제간에 비교하여 혼을 내면 아이는 엄마가 동생만 좋아하고 자기는 미워한다고 생각한다. 게다가 엄마에 의해 비교 대상이 된 동생까지 모두 미워하게 된다.

대안을 제시하고 혼을 낸다.
아이를 혼낼 때는 무엇을 잘못했는지만 지적해서는 안 된다. 어떻게 하는 것이 가장 좋은 것인지 그 대안을 제시하면서 혼을 내는 것이 좋다. 집에서 놀지 말라고 윽박지르지만 말고 집에서 놀지 말고 놀이터나 앞마당에 나가서 놀라고 그 대안을 제시한다. 또한 크레용을 물에 집어넣고 있는 아이가 있으면 그런 행동을 하지 못하게 막지만 말고 스케치북을 가져다 주면서 크레용은 그림을 그릴 때 사용하는 것이라며 스케치북에 그림을 그리게 한다.
부모의 입장에서는 혼을 내면 아이가 당연히 부모가 어떻게 하기를 바라는지 알고 있을 것이라고 생각한다. 그러나 아이들은 부모처럼 판단력이 뛰어나지 않다. 무조건 혼을 내지 말고 대안을 반드시 제안하면서 혼을 내도록 한다.

비난에 앞서 상황을 설명한다.
 부모들은 아이가 잘못하면 감정이 격해져 짜증과 함께 화를 내게 된다. 아이는 자신이 무엇을 잘못했는지를 모른 채 무조건 부모로부터 혼이 나는 경우가 종종 있다. 부모가 왜 자신을 혼을 내는지를 분명히 알 수 있게 화를 가라앉히고 차분히 설명해야 한다. 무조건 성경 동화책을 안 읽는다고 야단을 칠 것이 아니라 성경 동화는 무엇이며 성경 동화에는 어떠한 내용이 있으며 어떠한 유익을 주는지에 대해 차근차근 설명하도록 한다.

바람직한 칭찬 방법에서도 지적했듯이 잘못을 했을 때는 그 자리에서 지적을 한다.
 칭찬과 마찬가지로 아이가 잘못을 저질렀을 때는 그 자리에서 즉시 혼을 내는 것이 좋다. 아이들은 금방 자신이 잘못을 해 놓고 잊어버리는 경향이 강하다. 잘못을 했을 때 그 당장 무엇을 잘못했는지 혼을 내야 한다. 혼을 내는 것을 다음으로 미루어 놓으면 아이는 금방 잊어버려 자신의 잘못을 잘 뉘우치지 못한다. 한참을 지난 후 재미있게 동화책을 읽고 있는데 갑자기 아침에 있던 잘못을 야단치면 엄마가 동화책을 읽는 좋은 행동을 하고 있는데도 야단을 치고 화를 내는 것같아 엄마에 대한 감정이 나빠지며 심지어는 동화를 읽는 것은 나쁜 것이구나라고 오해를 할 수도 있다.

혼낼 때는 비공개적으로 한다.
 칭찬과는 달리 꾸지람은 자존심이 상하기가 쉬우므로 형제나 남들이 보지 않는 곳에서 하는 것이 바람직하다. 아무리 어린아이라 할지라도 자신을 보호하려는 심리가 있기 때문에 남 앞에서 혼이 나면 다른 사람의 눈치를 살피느라고 자신의 잘못을 인식하지 못한다. 아이의 위신과 자존심도 생각을 해야 한다.

위협하지 않는다.
아이를 혼을낼때 '~하면 ~할거야' 라고 위협을 하는 것이 부모들이 범하기 쉬운 잘못중 하나이다. '심부름 안하면 어린이날 선물 안해줄거야' 등 무엇인가를 해주지 않겠다고 위협을 하는 것도 또한 아이의 마음 속 깊이 분노를 가지게 할 수 있다. 일년 동안 기다리던 어린이날인데 엄마가 조그마한 일로 선물을 취소시킨다면 자신의 잘못보다는 엄마의 행동에 화가 날 것이다. 위협보다는 설명이 필요하다.

일관성 있게 꾸짖는다.
부모의 기분에 따라 같은 행동에 대해 교회에서는 야단을 치거나 집에서는 그냥 지나치거나 손님이 오시면 웃는 등 다양한 반응을 하게 되면 아이는 어떠한 반응에 따라야 할지 몰라 당황스럽고 혼란스럽게 된다. 잠자기 전에 하루 동안 잘 지내게 해주신 하나님께 감사 기도를 하도록 정했다면 항상 잠자기 전에 감사 기도를 드리도록 아이에게 권한다.

나이에 맞는 기준을 세워 꾸짖는다.
아이를 혼을 내고 칭찬하는 기준을 아이의 성장 과정에 맞추어 정해야 한다. 예를 들어 취학전 유아에게 하루에 성경책 1쪽씩 읽으라는 것은 무리이다. 하루에 성경귀절 하나씩 읽도록 하고 초등 학생에게는 성경책 1쪽 중고등학생에게는 2쪽 이상씩 읽도록 한다.
성경책을 읽는 것은 부모의 강요보다는 아이와 함께 의논해서 아이 스스로 정하도록 하는 것이 아이의 자율성 뿐 아니라 자신의 행동 즉 선택에 책임을 질 줄 아는 아이로 자라게 한다.

【 생각해 볼 문제 】

1. 바람직한 칭찬 방법은 무엇입니까?

2. 바람직하게 꾸짖는 방법은 무엇입니까?

3. 위의 칭찬과 꾸짖는 법이 유아의 신앙 발달과 어떠한 관련이 있는가 종합적으로 논해 보시오.

참고문헌

그리스도교 철학 연구소편, 현대사회와 평화.(서울 : 서광사)
김덕순 (1997). 부모 교육의 이론과 실제, 서울 : 정일
김명희 (1997). 현대 사회와 부모 교육, 서울 : 학문 출판(주)
김미경 (1991). 우리 나라 어머니들의 유아 양육 및 지도에 관한 관점 연구, 총신 논총 10집
김미경 (1997). 세계화에 부응하는 감성 교육의 의미와 실제, 총신 대학교 유아교육 연구회 2차 학술 대회
김숙자 (1997). 유아교육 과정, 서울 : 문음사
김정준 (1993). 가설적 갈등 상황의 토의가 유아의 도덕적 추론 발달에 미치는 영향 -분배정의 추론을 중심으로- , 이화 여자 대학교 대학원 박사 학위 청구 논문
김재연, 김경희 (1989). 부모 교육. 서울 : 양서원
김재은 (1974). 한국 가족의 심리. 이화 여자 대학교 출판부
박성희 (1996). 공감과 친 사회행동. 서울 : 문음사
박수경 (1992). 부모 자녀의 상호작용 및 부모 양육 행동과 아동의 자아 존중감과의 관계. 경희대학교 석사 학위 청구 논문
박아청 (1995). 현대의 교육심리학. 서울 : 학문사
박원호 (1996). 신앙의 발달과 기독교 교육. 서울 : 장로회 신학 대학교 출판부
방현덕 (1995). 가정 교육론. 서울 : 바울서신사
신연식 (1985). 어린이의 문제와 지도. 서울 : 학문사

신연식 (1980). 부모 교육. 서울 : 학문사
이원순 (1988). 기독교 과정 교육 이해와 그 이론. 장로회 신학대
　　　　학 대학원 석사 청구 논문
이영, 조연순역 (1988). 영·유아발달, 서울 : 양서원
이혜상 (1994). 기독교 유아교육 과정 모형 개발 연구. 서울 여자
　　　　대학교 박사 학위 청구 논문
연미희 (1994). 한국 부모에 대한 PET부모 교육 프로그램의 적용성
　　　　평가. 경희대학교 대학원 박사 학위 청구 논문
유아교육학회편 (1996). 유아교육 사전. 서울 : 한국 사전 연구사
정영진 (1996). 자녀 발달의 결정적 시기. 서울 : 학지사
차경수 외2인 (1997). 유아 사회교육. 서울 : 학문사
최덕훈 (1994). 예수 그리스도. 서울 : 애신
최일선 (1985). 신앙의 발달 과정. 서울 : 종로 서적
최혜순 (1993). 유아 사회교육의 이론과 실제. 서울 : 요단 출판사
한은숙 (1996). Vygotsky이론에 의한 성인과 유아의 상호작용과
　　　　유아의 문제 해결과의 관계 중앙 대학교 박사 학
　　　　위 청구 논문
강인언 역 (1995). Piaget이론입문. 서울 : 학지사
양은순역 (1993). 어린이 신앙 교육. 서울 : 생명의 말씀사
엄문용역 (1985). 기독교 유아교육 원리. 서울 : 보이스사
오태용역 (1993). 유아를 위한 기독교 교육, Barber, L. (1980).
　　　　Religious Education of Preschool Children.
　　　　서울 : 정경사
윤형목역 (1989). 교사를 위한 취학전 아동 이해와 기독교 교육,
　　　　Clark. R.E. Teaching Preschoolers with

Confidence. 서울 : 도서 출판 엠마오
Adler, A. Social interest, New York : Capricorn Books, 1964.
Aleshier, D. Faith, Care, Phlladelphia : The westninster press, 1989.
Baldwin, A. (1968). Theories of Child development. New York : Wiley
Beers, V.G (1971). Family Bible Library. Nashville : Southwestern
Clark, R., Zuck, R., & Brubaker, J. (1986) Childhood education in the church. The Moody Bible Institute of Chicago
Bushmell. H, Christion Nurture, (Massachusetts : Yaleuniversity press, 1967).
Chapin, A.(1991).우리 아이의 믿음이 자랄 때까지. 정영선 역. 서울 : 두란노서원
Colson, H. P. and Rigdon, R. M. Understanding Your church's curriculeem, Broadman press, 1981.
Coopersmith, S. (1967). The antecedents of self-esteem. San Francisco : W. H. Freeman
Cully , I. V. (1985). 아동의 기독교 교육 개발. 홍철화,이원충(공역). 서울 : 컨콜디아사
Damon, W. The Social world the child. San Francisco : Jossey-Bass Publishers, 1979
Davids, A.(1973). Self concept and mother concept in black and white preschool children. child Psychiatry and Human Development. 4(1), 30-43.
Dean, J. (1980). 아동 발달과 기독교 교육. 이정기 역. 서울 : 보이스사
Dickstein, E. & Posner, J.(1978). Self esteem and Relationship

with parents, Journal of Genetic Psychology, 133. 273-276.

Dreikurs, R. Psychology in the classroom(Ind ed), New York : Book craft. 1968.

Erikson, G. H. (1959). Identity and the life cycle, psycholgical Issues, Monographl.

Erb, A. M. (1955). Christian Nature of Children. Scottdale, pa. : Herald, C.

Freud, S. The basic writing of Sigmund Freud(A. A brill, E. d and trans.). New York : Modern Library, 1938.

Fromm, E. Man for himself, New York : Holt, Reinehart, and Winston, 1947.

Ginott, H. G. (1965). Between Parent and Child, NY : Macmillan.

Goleman, D.(1985). Emotional Intelligence, Brockman, Inc

Hartman, H. Psychoamalysis as a scientific theory in T. Millon(C-d) Theories of Psychopatholagy : An Wxposition of individual Psychology, New York : Collier Books, 1962.

Kostelnik, M. J. (1996). Promoting children development of self-discipline throughout childhood, 한국 유아교육 협회 창립 30주년 기념 워크숍

Lewis J. Sherkill(1944). The Rise of Christian Education. New York : Macmillan co.

Maston, T. B.(1991). 성서 그리고 현대 가정. 이석철 역. 서울 : 요단

출판사.

McGrew, M. B(1935). Growth : A Study of Johnny and Jinny, New York, Appleton-century.

Millard sall, Faith Psychology and christion Maturity, MI:zondervan corp. 1975.

Moran, G. Religious Education Development, Minnesota : Winston Press, 1982.

National Society and church House, How Faith Grow?(England : Campfield, 1991).

O'Breien, S. J. (1991). For parents particulary : How Do You Respectful Children in Disrespectful World? : childhood education, pp. 183-184

Osmer R. R. A Teachable Sprit - Recovering the Teaching office in the church(Westiminster Johndnoy, 1990).

Philip Barker (1976). Basic Child Psychiatry, 2nded. Baltime : University Park Press. p.10

Piaget(1970). Science of Education and the Psychology of the child, New York, viking.

R : Chard s, L. U. (1983). Children's Ministry -nurturing Faith within the Family of God. Zondervan Corparation

Sears, R. (1970). Relation of early socializatim experiences to self concepts and gender rolein middle childhood. Child Devement. 41. 267-289.

Segler, F. M. (1979). 예배학원론, 정진황 역.서울 : 요단출판사

기독교 교육총서 7
기독교 가정교육

초판 인쇄 · 1999년 4월 26일
초판 4쇄 · 2022년 3월 11일

지은이 · 김미경

편집 · 대한예수교장로회총회 교육부
제작 · 대한예수교장로회총회 출판부
발행 · 대한예수교장로회총회

주소 · 서울시 강남구 영동대로 330
전화 · (02)559-5655~6
팩스 · (02)564-0782
홈페이지 · www.holyonebook.com
출판등록 · 제1977-000003호

ISBN 978-89-88327-34-0 04230
ISBN 978-89-88327-33-3(세트)

ⓒ1999 대한예수교장로회총회
※잘못된 책은 바꾸어 드립니다.